10 DECISIONES ESTRATÉGICAS PARA DESARROLLAR TU ACTIVIDAD Y CARRERA INVESTIGADORA:
I+D+I en PSICOLOGÍA

Jesús de la Fuente Arias

Agosto 2024

AMAZON Libros.

ISBN: 9798335906791
Sello: Independently published

Serie: Education & Psychology I+D+i

Colección: "10 Decisiones estratégicas para investigar mejor"

.... mi confesión pretende ilustrar un principio importante que he visto desplegarse en la carrera de muchos científicos de éxito. Es muy sencillo: pon la pasión por delante de la preparación. *Averigua de la mejora manera que puedas qué es lo que más quieres hacer en ciencia, en tecnología o en alguna otra profesión relacionada con la ciencia.* Obedece la pasión mientras dure. Aliméntala con el conocimiento que la mente necesita para crecer.

Prueba otros temas, adquiere una educación general en ciencia, y sé lo suficientemente listo para pasarte a un amor mayor, si este surge. Pero no sigas simplemente diferentes cursos de ciencia a la espera de que te llegue el amor.

Quizás lo haga, pero no confíes en la suerte. Como en otras grandes elecciones que hay que hacer en la vida, hay demasiado en juego. *La decisión y el trabajo arduo, basado en la pasión duradera, nunca te abandonarán*

(Wilson, 2014; p. 35-36; la cursiva es nuestra)

Dedicado al Profesor Dr. Catedrático Fernando Justicia Justicia
(Universidad de Granada), mentor y ejemplo
para todos los que trabajamos con él.
DEP

ÍNDICE

Presentación

Si te has acercado a este libro es porque sientes interés, necesidad de consejo, asesoramiento o experiencia sobre cómo desarrollar una carrea académica y/o actividad investigadora medianamente satisfactoria. Es una paradoja que, gran cantidad de los profesores universitarios, investigadores en diferentes sectores, que hemos dedicado muchos años de nuestra vida a la carrera investigadora, realmente, no hayamos tenido una hoja de ruta, un modelo o, sencillamente, un libro -como éste- que nos haya ayudado a planificar y a desarrollar una carrera investigadora, con objetivos que nos hayan permitido realizarla de carrera coherente. Ha sido un aprendizaje por ensayo y error, con ayuda de algún mentor. Al menos, esa es mi experiencia, en muchos aspectos.

Por ello, me he animado a compartir mi experiencia y algunas propuestas que puedan ayudarte en este empeño. De hecho, este libro es una parte de la *Colección de libros* que se denomina *"10 decisiones estratégicas para investigar mejor"*, todas ellas centradas en aspectos diferentes de la actividad investigadora. No pretende realizar una análisis sesudo y riguroso, para "sentar Cátedra" respecto a las diferentes facetas de la actividad investigadora, pero sí compartir experiencias y *conocimiento estratégico*, basado en los aciertos y errores de la experiencia y, sobre todo, en la reflexión sobre las decisiones tomadas, tras una carrera investigadora de 30 años de actividad investigadora, en la Universidad Pública y Privada.

Me disculparás, porque se basa, esencialmente, en el ámbito de la Psicología, que es el más conocido para mí. Sin embargo, considero que este análisis es aplicable a todos los campos, pero con matices, que tú mismo irás descubriendo.

Espero que, si te ayuda, me lo hagas saber. No tiene otro objetivo. Gracias por tu interés. Podrás encontrar más información en mi *canal de youtube,* https://www.youtube.com/@PsicologoEduca, en la sección sobre *Investigación en Psicología*. Me puedes escribir (email: jfuentearias2@gmail.com) enviarme tus preguntas. Gustosamente las contestaré a través de él.

Pamplona, Agosto de 2024

Introducción

La Sociedad del Conocimiento en la que -afortunadamente- nos ha tocado vivir es un regalo de la propia evolución del ser humano y de la sociedad, en sus últimas etapas de desarrollo, hasta el momento actual. Ya hemos olvidado que nuestros bisabuelos, no hace tanto, estudiaban con una Enciclopedia confeccionada en papel, en las escuelas, que no tenían Internet y mucho menos ChatGPT. Estamos tan acostumbrados a acceder al conocimiento y a tenerlo disponible, a nuestro alcance, con un clic, que olvidamos que el mecanismo de producción del mismo es la *Ciencia*.

La *Ciencia* y su actividad nos ha permitido desmitificar muchas falsas creencias sobre la naturaleza y el ser humano. También nos ha permito elaborar modelos explicativos más ajustados y predictivos sobre los acontecimientos y fenómenos que queremos promover o evitar. Sobre todo, nos ha permitido evolucionar y ajustar nuestro conocimiento para hacerlo más veraz y ajustado a la realidad. De forma subsiguiente, el desarrollo tecnológico se ha producido, como consecuencia del anterior, al ser aplicado a la creación de herramientas, técnicas, productos y servicios que permiten resolver problemáticas concretas.

Sin embargo, ni el *conocimiento Científico ni el Tecnológico* se producen solos, ni de manera automática. Necesitan de la concurrencia de distintos factores. Cuestan muchos recursos y, sobre todo, personas que se dediquen a producirlo. Además, el Conocimiento científico no es una producción estable y estática del ser humano. Más bien, es el conjunto de ideaciones explicativas (teorías, modelos, predicciones, hipótesis...) sujetas a mejora, a cambio y a refinamiento. Por ello, requieren del análisis y la mejora de las mismas en el tiempo. De ahí la necesidad de personas que se dediquen a la *actividad* y a la *carrera científica*.

¿Hay alguna actividad humana más loable y noble que la búsqueda de la verdad, referida a la mejor comprensión de los fenómenos del mundo, de la vida, de la naturaleza humana, del progreso, de las enfermedades y su curación, del conocimiento y mejora del ser humando, en su condición? Sin embargo, la actividad investigadora es, a la par que apasionante, bastante compleja, en decisiones y aprendizajes. Se requiere pericia y tiempo en esta actividad para cosechar los frutos. Por ello, es un reto en sí misma.

La dedicación a la *actividad científico-tecnológica, en el campo de la Psicología*, como Ciencia del Comportamiento es fascinante. Pero debes tener en cuenta, algunas decisiones importantes, para no errar en el camino o, al menos, equivocarte menos veces...

Este libro está dedicado a las personas que -como yo- sienten *pasión por la Investigación, el Desarrollo Tecnológico y la Transferencia de ambos, en el Campo de la Psicología.* ¡Hay mucho aún por descubrir y aportar…!

1. Qué son las decisiones estratégicas del investigador y de la carrera investigadora

La *toma de decisiones* en un comportamiento complejo, propio del ser humano, que le permite ajustar, redireccionar su propia conducta o, sencillamente, mantenerse en ella. La investigación reciente ha mostrado que -en contra de los que nos creemos y percibimos- nuestro sistema cognitivo humano es de capacidad limitada y, aunque tiene normas y heurísticos, comete bastantes errores y sesgos recurrentes en el tiempo. De todos es sabido que, además, está influenciado por el estado de ánimo, la experiencia o por otros tipos de influencias externas.

Consecuentemente, tomar bien y *tomar las mejores decisiones* no es una tarea sencilla ni fácil. Es obvio que este pequeño libro no va a evitar que te equivoques en algunas ocasiones, pero es más probable que -si tienes información sobre el proceso completo y eres consciente de las dificultades y consecuencias de cada decisión-, puedas representar mejor las diferentes decisiones que tendrás que tomar y también estar más atento a las mismas, siendo más proactivo.

Las decisiones estratégicas -a diferencia de las decisiones automáticas o no sometidas a control- se realizan bajo procesos de autorregulación y autocontrol, y están dirigidas a modificar una situación externa o interna de la persona, para acercarla a una meta u objetivo secuencial en la carrera elegida, que se está desempeñando.

Las decisiones estratégicas que un/a investigador/a debe tomar son muchas: ¿en qué grupo de investigación trabajar?, ¿sobre qué tópico de investigación quiero especializarme?, ¿en qué perfil de área/as de conocimiento deseo trabajar? ¿con qué IP deseo especializarme?...

Por tanto, sugiero que no te crees excesivas expectativas, pero sí que estés atento a los consejos y experiencias que aquí se vierten, por si te sirven de ayuda y mejora. Si este libro te sirve, en alguna medida, estaré encantado de que así sea.

2. Un modelo de decisiones estratégicas para la carrera investigadora: El modelo de Auto- vs Hetero- Regulación Comportamental en la Carrera Investigadora

En Ciencia hemos aprendido que un *buen modelo* es esencial para guiar el camino a seguir, en el proceso de toma de decisiones y análisis de la realidad. Ya lo dijo Bandura: "quien tiene un buen modelo, tiene un buen amigo".

Lo primero, debes darte cuenta y asumir que *dedicarse a la investigación*, es el inicio de una carrera, larga y compleja en el tiempo -también apasionante- de búsqueda de conocimiento verdadero y justo, sobre un problema o aspecto de la realidad dado. Es una tarea compleja, exigente, en la que los aspectos de *fondo* y de *forma* son relevantes. El *fondo* se refiere a la relevancia o transcendencia de tu investigación y aportaciones. Mientras la *forma* se refiere a la cantidad de actividad, tipo y producción investigadora.

¿Qué significa asumir el modelo de auto vs hetero-regulación en la carrera investigadora? La aplicación del *modelo SR-ER* (de la Fuente, 2017; de la Fuente et al., 2022) *a la actividad investigadora* (SRI-ERI) supone lo siguiente:

2.1. Darte cuenta y asumir que el comportamiento del investigador/a puede ser de tres tipos:

· **Comportamiento investigador autorregulado**: en este caso, el investigador, planifica, controla y evalúa su actividad investigadora. Es decir, es *proactivo/a*, en todas las decisiones estratégicas que comentaremos en siguientes apartados, con el objetivo y fin de crear las condiciones que le permitan *diseñar y desarrollar* una carrera investigadora sostenible. Por ejemplo, *planifica* su actividad y objetivos, o busca un Grupo de Investigación que se alinee con sus intereses investigadores y búsqueda de conocimiento; también un problema o tópico de investigación que le apasione; esto también supone el ejecer *autocontrol* y cambiar de grupo y situación, cuando se da cuenta de que le perjudica o no le ayuda a sus objetivos; también, *reevaluar* periódicamente la situación los logros, para redefinir objetivos y tomar decisiones el próximo curso, etc...

· **Comportamiento investigador no-regulado (des-regulado)**: en este caso, el comportamiento del investigador/a es reactivo y poco proactivo. Es decir, se deja lleva por las propuesta que le hacen otros o el contexto. En esencia, se caracteriza por no tener objetivos y metas de investigación, claras y dejar al tiempo y al contexto que vaya tomando decisiones por él/ella. Esto, en muchas ocasiones, lleva consigo la pérdida de motivación por la investigación, por la ausencia de logros que le refuercen es la misma. En definitiva, este comportamiento investigador se caracteriza por una ausencia de toma de decisiones estratégicas sobre el diseño y desarrollo de su carrera investigadora. Está a expensas de las propuestas que le realicen los demás, aunque nos e ajusten a su perfil (que tampoco lo tiene definido). Precisamente, este libro pretende ayudar a modificar este perfil -poco proactivo-, que denominamos *no-regulador o des-regulador* porque cada vez ejerce menos autorreguación, lo que lleva consigo la progresiva desregulación o aumento de la inacción.

· **Comportamiento investigador dis-regulado**: este es el perfil más nocivo, en cuanto al desarrollo de la carrera investigadora. Se caracteriza por hacer todo lo que no se debe o lo contrario, para poder realizar una carrera investigadora sostenible. Por ejemplo, publicar a demanda de otros, aunque no tenga nada que ver con la línea y tópicos de investigación d et campo de especialización. También, el aceptar o tener numerosos puestos de gestión, ayudaría a desarrollar este perfil, ya que mucho tiempo dedicado a otras tarea hace, prácticamente imposible el estudio, análisis, tranquilidad y reflexión que requiere la activiada investigadora. Por ello, "hay que saber decir que sí y saber decir que no". El libro "Cartas a un Joven Científico" (Willson, 20143) - que recomiendo fervientemente-, lo explica con una claridad meridiana.

22.2. Darte cuenta y asumir que el contexto investigador es decisivo para tu carrera investigadora

No hace falta ser psicólogo/a para darse cuenta que el contexto que nos rodea condiciona seriamente nuestras vidas y nuestras decisiones. Además, la Psicología -y esta teoría asumida- nos aporta bastante evidencia. Esto también lo he aprendido por la propia experiencia.

· **Contexto externamente regulador de la actividad investigadora**. Es aquel *contexto personal y profesional* que te ayuda y contribuye activamente para propiciar que tú realices una carrera investigadora adecuada y sostenible. Estar rodeado de personas que viven apasionadamente la investigación y que son buenos modelos de investigación es un lujo incalculable para ti… En este punto debo de agradecer la labor del GI de la Universidad de Granada, liderado por el profesor Fernando Justicia, a los que les debo todo (Martínez-Vicente, de la Fuente y Pichardo, 2024). Si encuentras un buen GI que te acoge en tu seno, valóralo y cuídalo como algo esencial, y sobre todo, agradécelo.

También estar en una organización que pondera las cargas de trabajo suficientemente para que haya tiempo y reconocimiento de la tarea investigadora es esencial. Puedo poner un ejemplo a seguir. En la Universidad de Almería (UAL) se ponderó desde el 2010 una relación de correspondencia entre actividades docentes y de gestión, con las actividades de investigación (ver Plan de Ordenación Docente, UAL, 2024). A partir de ese momento las/os compañeras/os que no tenía producción investigadora (Proyectos, Sexenios, Tesis, Grupos, Gestión...) tenían asignada las máximas horas de docencia (240 h), mientras que los que sí las tenían eran compensados en las mismas, según la carga estipulada de las mismas. Estos son los denominados "mecanismos de compensación docencia-investigación" que ayudan a regular ambas tareas, permitiendo definir a cada profesional un perfil más docente, más investigador, o mixto.

Contexto externamente no-regulador de la actividad investigadora. Un contexto de estas características se caracteriza por no dar ningún tipo de señales o ayuda para favorecer la toma de decisiones sobre la carrera investigadora. Consecuentemente, el peso de la regulación recae, casi exclusivamente, sobre la persona que intenta investigar, ya que ella debe poner el tiempo y los recursos para esta actividad. Recuerdo que cuando entré en la Universidad nadie me habló explícitamente de estos aspectos. Todo el mundo hablaba de la necesidad de tener investigación para poder conseguir Sexenios, de solicitar Proyectos, pero nadie me comentó las líneas de investigación existentes, ni existían grupos potentes en los que fijarse. La consecuencia es que, durante los 4 primeros años de Universidad, no tuve líneas ni Grupo, ni referentes investigadores, más allá de los que yo me busqué, a través de mi estudio y de lecturas investigadoras, hasta conocer el panorama investigador.

Contexto externamente dis-regulador de la actividad investigadora. Este tipo de contexto, bastante frecuente en la Universidad, aunque depende de cada Centro específico en el que estés. Se caracteriza por tener unas condiciones que, no sólo no favorecen las condiciones para la regulación, sino que, además, las dificultan por razones de diferente tipo, tales como organizativas, personales, de gestión etc. Recuerdo que cuando entré en mi Universidad (UAL), no existía ninguna regulación específica para reconocer la tarea investigadora, en relación a la docencia y a la gestión. La consecuencia es que mis primeros siete años de universidad, realmente podía estudiar y publicar en mi casa, cuando llegaba de la universidad y los fines de semana. El desgaste persona fue tremendo porque durante el tiempo presencial de la universidad todo eran reuniones, clases, ayudas, tareas, sin considerar la carga de la tarea investigadora...

El mayor problema, derivado de este contexto, es que sólo los investigadores con un alto nivel de autorregulación prosperan en él, habida cuenta de que el/la investigador/a debe ir contra corriente...El precio en bienestar psicológico y en salud mental es muy grande, en este tipo de contextos ¿te suena este escenario? Afortunadamente, en el año 2010, la universidad se dotó de un plan de ordenación docente que ordenó cada una de las actividades, hasta la fecha (Plan de Ordenación Docente, 2024)

2.3. Analizar en qué nivel de interacción te encuentras: *el Índice Combinado de Regulación Interna-Externa*®, aplicado a la investigación

Para poder evaluar en qué nivel de regulación combinada te encuentras, te invito a cumplimentar el inventario elaborado para ello, el *Inventario de Regulación Interna vs Externa para Investigación, SRI-ERI* (ver Anexo I). Tras realizar el cálculo propuesto, al final del mismo, puedes consultar tu rango de regulación investigadora.

Asumiendo los niveles de regulación combinada que establece el *índice Combinado de Regulación Interna-Externa*®, aplicado a la investigación (de la Fuente, 2024), derivado de la SR-ER (de la Fuente, 2027, 2021; de la Fuente et al., 2022), se pueden dar cinco niveles de regulación combinada en las características de la *persona x contexto investigador*. Esta interacción puede predecir el nivel de actividad y productividad investigadora. Ver Tablas 1 y 2.

Tabla 1. Combinación y rangos de los valores para obtener los niveles de regulación combinada del Índice (de la Fuente, et al., 2021; de la Fuente, 2024)

Combinaciones de los niveles de Regulación				Status Regulatorio	Stress	Stress
SR Nivel (range)	ER Nivel (range)	Media	Rango		Protection	Risk
3 (-0.22 a 1.00) **A**	**3** (-0.05 a 1.00) **A**	3.0	**5=A**	**Alta-Alta:** *Alta Regulación*	*Alta protección*	*Bajo riesgo*
2 (-0.77 a -0.23) **M**	**3** (-0.05 a 1.00) **A**	2.5	**4=B**	**Media-Alta:** *Regulación*	*M-A protección*	*M-B riesgo*
3 (-0.22 a 1.00) **A**	**2** (-0.78 a -0.06) **M**	2.5	**4=B**	**Alta-Media:** *Regulación*	*M-A protección*	*M-B riesgo*
2 (-0.77 a -0.23) **M**	**2** (-0.78 a -0.06) **M**	2.0	**3=C**	**Media:** *Non-Regulación*	*Medio protección*	*M riesgo*
2 (-0.77 a -0.23) **M**	**1** (-2.11 a -0.78) **B**	1.5	**2=D**	**Media-Baja** *Disregulation*	*M-B protección*	*M-A riesgo*
1 (-2.17 a -0.87) **B**	**2** (-0.78 a -0.06) **M**	1.5	**2=D**	**Baja-Media:** *Disregulación*	*M-B protección*	*M-A riesgo*
1 (-2.17 a -0.87) **B**	**1** (-2.11 a -0.78) **B**	1.0	**1=E**	**Baja-Baja:** *Alta Disregulación*	*Baja protección*	*Alto riesgo*

Note: B= Bajo; M= Medio; A=Alto; Efectos analizados en la investigación. Ver informes de investigaciones previas para el análisis de diferencias (de la Fuente et al., 2019, p. 12; de la Fuente et al., 2020, p. 5).

Tabla 2. Explicación específica para el cálculo del Índice Combinado de Regulación Interno-Externo, aplicado a la investigación

Nivel Regulación Personal	+	Nivel Regulación Contextual	= **Nivel promedio**	=> **Rango (STATUS REGULATORIO)**
3	+	3	= 3.0	=> 5.0 = **A** (EXCELENTE o MUY BUENO)
3	+	2	= 2.5	=> 4.0 = **B** (BASTANTE BUENO)
2	+	3	= 2.5	=> 4.0 = **B** (BASTANTE BUENO)
2	+	2	= 2.0	=> 3.0 = **C** (MEJORABLE)
1	+	2	= 1.5	=> 2.0 = **D** (BASTANTE MEJORABLE)
2	+	1	= 1.5	=> 2.0 = **D** (BASTANTE MEJORABLE)
1	+	1	= 1.0	=> 1.0 = **E** (MUY MEJORABLE)

Nota: 1= nivel bajo; 2=nivel medio; 3=nivel alto. Niveles del promedio= 1 a 3. Rango= 1 a 5; Significado = A hasta E

Consecuentemente, se obtienen **cinco niveles promedio de puntuaciones**, propias del *Índice Combinado de Regulación Interna-Externa,* que se asocian a **LETRAS** y a **COLORES** distintivos que predicen la actividad y nivel de producción investigadora:

A. Nivel combinatorio de regulación investigadora o STATUS MUY ALTO. VERDE OSCURO
B. Nivel combinatorio de regulación investigadora o STATUS BASTANTE ALTO. VERDE CLARO
C. Nivel combinatorio de regulación investigadora o STATUS MEDIO. AMARILLO
D. Nivel combinatorio de regulación investigadora o STATUS BASTANTE BAJO. NARANJA
E. Nivel combinatorio de regulación investigadora o STATUS MUY BAJO. ROJO

3. Decisiones estratégicas para una actividad y carrera investigadora coherente, relevante y sostenible

3.1. Criterios generales de toma de decisiones

Los *criterios generales* que considero son irrenunciables, para diseñar y desarrollar mi carrera investigadora han sido:

1) *Coherencia investigadora, en el fondo y en la forma.* La coherencia se muestra en la relación principios asumidos-práctica ejecutada. El dar saltos inconexos o realizar publicaciones sin nexo ni contexto, sin línea e hilo científico conductor – aunque el Journal de impacto de la publicación sea alto- resta coherencia al perfil de investigación de la persona y de su producción. También, tiene un coste para el sistema general, ya que supone una resta de líneas y aportaciones relevantes de los investigadores. Esto, precisamente, es lo que el nuevo sistema intenta reconducir, a partir de las críticas existentes al mismo (Huguet-Canallís et al., 2024).

2) *Relevancia investigadora, en la actividad y en la producción.* Este criterio se refiere a que la problemática y las aportaciones sean ciertamente importantes, tanto para la teoría como para la práctica. Igualmente, las actividades y la producción sean importantes, para la comunidad científica y el desarrollo científico-tecnológico, en ese campo o dominio dado. También, añadiría que conecte con tu *propósito vital* personal, para hacerla relevante. Es decir, esa línea de investigación debe dar respuesta a alguna necesidad o interés personal. Esto te ayudará a tener un factor importante de bienestar psicológico. Este camino se forja con la elección de la temática de la Tesis Doctoral.

3) *Sostenibilidad de la investigación, en el diseño y en el desarrollo.* Este requerimiento se refiere a que la línea de investigación debe estar bien planteada, para que no se agote en el tiempo. Es necesario que sus propias aportaciones retroalimenten a la línea de investigación y a los tópicos de investigación específicos que se abordan en la misma. También se refiere a que la línea de investigación aparece conectada con la cadena de valor I+D+I (de la Fuente, Martínez-Vicente, & Vera, 2010; de la Fuente, Vera-Martínez & Cardelle-Elawar, 2012) y, consecuentemente, surgen nuevas demandas, aplicaciones y transferencia de la investigación a la sociedad y a la profesión (de la Fuente, 2023). La dirección de tu Tesis y el Grupo de Investigación deberían mostrarte este camino.

3.2. Las decisiones derivadas de ellos

Si a partir de tu autoevaluación deseas mejorar tu actividad y tu carrera investigadora, te sugiero seguir avanzando a través de este proceso de toma de decisiones. El concepto de *toma de decisiones estratégicas* no se debe interpretar como algo negativo, oscuro u oculto, sino como una actividad de *regulación proactiva de la actividad y de la carrera investigadora.*

Para que la misma tenga las características de ser *coherente y sostenible* se deben dar diferentes condiciones que se enumeran y comentan a continuación. Es obvio que se puede realizar una actividad y carrera investigadora, sin ser coherente ni ser sostenible en el tiempo, pero el precio que se paga es muy alto, especialmente, en lo referido a consideraciones éticas y a criterios de forma de consecución de los logros. Todos conocemos investigadoras/es que con un alto nivel de estrategia han conseguido sus logros, de formas cuestionables y -cuanto menos- éticamente inaceptables. En estos casos la historia -que pone a todo en su sitio- demostrará si su investigación es coherente, relevante y sostenible.

Pasemos a las decisiones específicas y derivadas de estos principios, que se comentan en los siguientes capítulos.

4. <u>DECISIÓN PRIMERA</u>. ASUMIR QUE SER PERSONAL DOCENTE E INVESTIGADOR (PDI) LLEVA CONSIGO DIFERENTES TIPOS DE TAREAS QUE HAY QUE EQUILIBRAR

4.1. La toma de conciencia de los diferentes perfiles y tareas

Un primer aspecto -muy relevante y no siempre bien explicado- es que, dentro de la Universidad, según el puesto que elijas, puedes realizar diferentes tipos de tareas, en diferente proporción:

1) **Docencia.** Está referida a la actividad de preparación y desarrollo de procesos de enseñanza-aprendizaje formales, para ayudar a los alumnos a construir las competencias necesarias, en la parte que tu AREA /AMBITO DE CONOCIMIENTO Y ASIGNATURA te corresponda. Asumiendo que un GRADO o un MÁSTER es un puzle complejo de aprendizajes conceptuales, procedimentales y actitudinales, propios de esa asignatura, tendrá que dedicar bastante tiempo y estudio, para desarrollar adecuadamente este proceso. De hecho, se tarda bastante tiempo en construir las competencias docentes, que permiten desarrollar procesos óptimos de enseñanza-aprendizaje (Bain, 2007).

2) **Investigación.** Esta actividad está referida a las actividades de I+D+I propias de tu área /ámbito de conocimiento y asignatura. Requiere bastante tiempo de aprendizaje y estudio, para el desarrollo de competencias para la investigación. Además, es muy difícil realizarlas individualmente, por lo que requerirás el apoyo de un grupo de Investigación, compañeros investigadores, mentores y personas que te enseñen esta completa tarea (Martínez-Vicente, de la Fuente y Pichardo, 2022).

3) **Gestión.** Esta actividad se refiere al conjunto de actividades organizativas y de gestión, que el propio funcionamiento de la organización requiere. Desde puestos de coordinador de curso o Grado, hasta director de un Máster o Doctorado, amén de otros puestos de gestión e investigación, tales como Coordinador de un grupo de Investigación. La solicitud y gestión e Proyectos I+D también son actividades de este tipo. Hay que resaltar que la mayoría de las actividades son correspondientes y relativas al grado de formación académica conseguido, pero no siempre es así. Muchos de los cargos académicos se eligen por votación democrática y, obviamente, como en cualquier política, entran en juego otros intereses, tales como afinidades, color político, ideología de los candidatos, política externa, trayectoria experta en la gestión, que afecta a la política universitaria.

La profesora Dra. Susan Wardell ha reproducido magistralmente la combinación de las tareas en esta infografía, reproducida en la Figura 1.

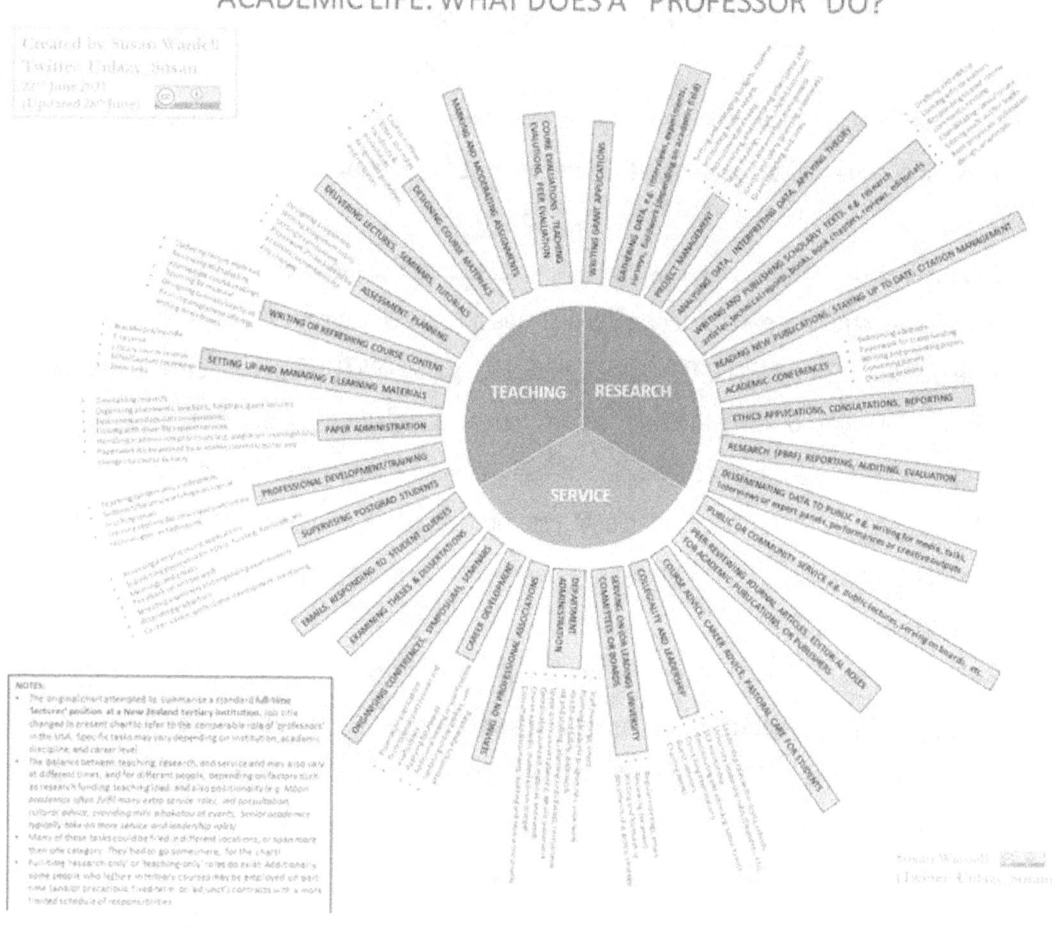

Figura 1. Copyright de la imagen: Dra. Susan Wardell (reproducida con permiso de la autora; concedido: 07/08/24).

4.2. La elección del tipo de perfil académico en el que te sientes más competente y realizada/o

El personal docente e investigador se denomina PDI, aludiendo a las siglas que representas estas tareas de forma simplificada: Docencia e Investigación. Sin embargo, una primera decisión estratégica, a partir de si te percibes más competente o preparada/o para un tipo de tarea u otra:

1) El *perfil clásico* es el de los profesores universitarios prefieren la *tarea docente y formativa.*

El perfil instruccional ha sido el predominante durante el último siglo. Debes autoevaluarte si esta tarea es la que más te llena y actuar en consecuencia. Esta tarea formativa, instruccional y de ayuda para la consolidación de competencias en el alumnado, ha sido la más común en las Univeridades (Bain,

2007). De hecho, es muy común que las personas externa a la universidad te pregunten ¿tienes clase hoy?, asumiendo que las otras tareas no son menos relevantes. También, es la tarea que, habitualmente, recuerdan los alumnos a su paso por la universidad: aquel profesor que le inspiró..; aquella profesora que le ayudo a decidir especialidad en la carrera...; esta profesora que le ayudo a descubir la pasión por la investigación...

Sin embargo, existe otra tarea que -no es menos relevante- y está referida a la tarea de tutorización o de *mentoring* , de índole más formativa, con los alumnos que los necesitan. Todos recordamos ese otro profesor/a que conectó, a nivel personal, y te permitió superar un mal momento, con buenos consejos. Esta faceta es de especial relevancia, y está suponiendo una reactivación actual, desde los sistemas tutoriales de ayuda, habida cuenta de las problemáticas psicosociales y educativas que tienen los alumnos de esta etapa, que son considerados como *jóvenes-adultos* (López-Madrigal et al., 2020).

2) *El perfil investigador en la universidad* es el de los profesores que se dedican preferentemente a la tarea de investigación.

Dentro de la institución encontramos a las figuras PDI (Personal Docente e Investigador), que es el clásico de las Facultades Univeritarias. Este perfil debe diseñar su carrera investigadora, sin olvidar y en coherencia con las carrera docente y de gestión. Los tramos o sexenios de investigación, conjuntamente con la actividad y producción investigadora es lo que les permitirá acreditarse en las diferentes figuras existentes (Contratado Doctor, Titular de Univeridad, Catedrático de Universidad...).

También existe el *personal netamente investigador* (dedicados sólo a la investigación), que es el típico de los Institutos o centros de Investigación. En este caso, la actividad docente es mínima, aunque si desean acreditarse por la ANECA en las diferentes figuras propuestas (Contratado Doctor, Titular de Univeridad, Catedrático de Universidad...) deben tener un mñinimo de investigación, coherente con el area de conocimiento y el perfil de areditación.

3) El *perfil gestor o mixto* está referido a los profesionales de la universidad que tienen en su trayectoria diferentes tareas o actividades que le impiden ser definidos como un perfil preferentemente investigador. Los cargos de gestión llevan consigo mucho tiempo y esfuerzo y -la mayoría de las veces- no son compatibles con un actividad investigadora, centrada en actividades de I+D+I. Si aceptas estos puestos, debes saber y asumir el precio de los mismos.

5. <u>DECISIÓN SEGUNDA</u>. ELEGIR EL ÁREA / ÁMBITO Y SUB-AREA DE CONOCIMIENTO EN LA QUE DESEAS DESARROLLAR TU ACTIVIDAD Y CARRERA INVESTIGADORA

5.1. Criterios de elección del Área /Ámbito de Conocimiento

Según se tenga un perfil más amplio de profesional (PDI) o de investigador (Instituto o Centro de Investigación) esta premisa cobrará más importancia. Si el profesional que desea realizar la carrera investigadora es PDI, cobrará más sentido aún. La importancia de esta decisión radica en diferentes aspectos:

1) *Tus intereses y potencial personal*. Cada investigador debe ser consciente de sus intereses y madurez vocacional, referida a la tarea investigadora. Es necesario definir qué temas, problemas, enfoques, visión y misión, son de tu interés. Debes estudiar mucho para ello y comprender en qué ámbito te desenvuelves mejor…También debes conectarlo con tu intereses, tus necesidades personales, para que esta actividad dé respuesta a tu *propósito personal* (Wilson, 2014).

El enfoque y dimensión de la investigación teórica no es el mismo que el de la investigación aplicada. Tampoco, dentro de cada enfoque en las metodologías de investigación, son la mismas. Por tanto, es necesario una proceso de búsqueda y toma de decisiones al respecto. Dependiendo del área de conocimiento y tópicos de investigción, la tarea investigadora será diferente. Así, un perfil investigador de Psicología Básica o Experiemental desarrollará la mayor parte de su investigación en el laboratorio. Un psicológo social o de las organizaciones, la llevará a cabo en contextos de este tipo. Un psicólo Educativo la realizará en enfoques educativos. Un psicólogo Clínico o de la Salud, la realizará en estornos hospitalarios y sanitarios.

2) El *conocimiento científico-tecnológico de cada disciplina*, área de conocimiento y línea de investigación, con sus correponsientes tópicos, debería ser diferencial y específica. Por tanto, el abordaje, visión y misión de cada una de ellas es neto y propio -o debería serlo-. La visión inter-disicplinar o multi-disciplinar de los problemas no debería ser óbvide para que las aportaciones de cada especialialista sean propias y diferenciales de los demás. Por ello hay que recordar los campos diciplinares, para decidir y saber cual es el abordaje preferido. Por ejemplo, en las Áreas de Educación y Psicología, existen numerosas subáreas que determinan el abordaje de la investigación. Cada Area o Ámbito posee a su vez sus modelo téricos, su evidencia, sus instrumentos de evaluación, sus estrategias de intervención…Ver Figura 2.

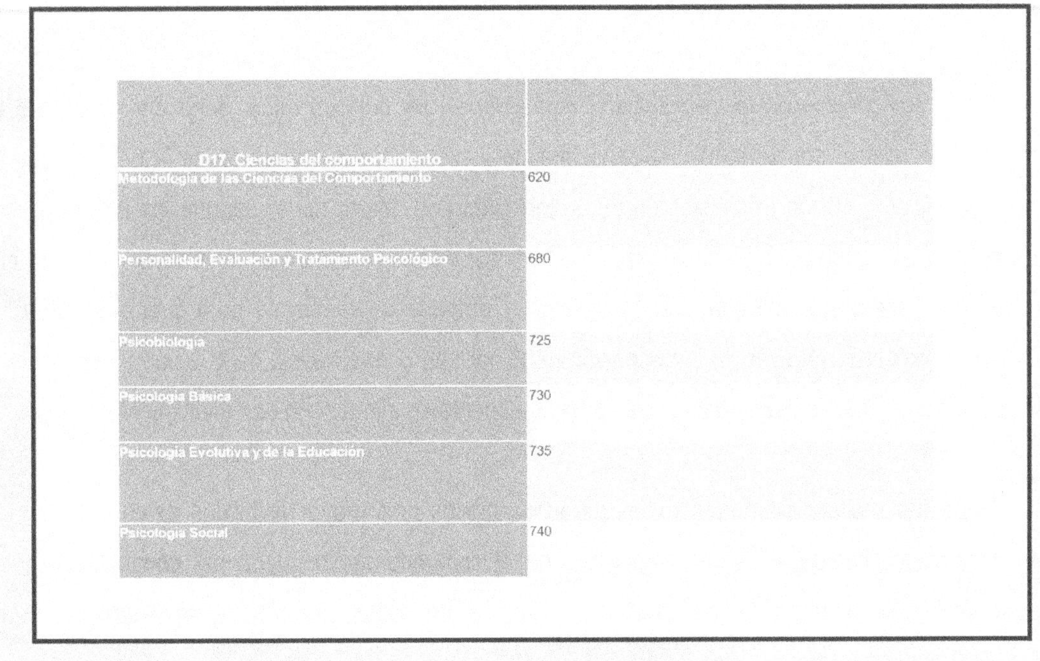

Figura 2. Ejemplo de Sub-disciplinas que integra el área de *Ciencias del Comportamiento (Psicología)*

5.2. Necesidad de contextualización y fundamentación en el Área de Conocimiento

Cualquier investigador que desee realizar aportaciones relevantes e innovadoras en un área de conocimiento dado, debe conocer y estudiar en profundidad, la historia, fundamentación, estructura, y funcionalidad del área (visión y misión), así como de los modelos teóricos y de la evidencia inherente a la misma. De los contrario, es muy probable qu se realicen o elijan propuestas investigadoras con poco valor y reconocimiento de la comunidad internacional. Busca ejemplos cercanos. Puedes ver un ejemplo de *Proyecto Docente e Investigador*, para el área de Psicología de la Educación (de la Fuente, 2024; en edición).

1) Un fenómeno creciente, consecuencia de la presión por la producción investigadora, es la producción de conocimiento, con *falta de fundamentación teórica o modelos específicos del área de conocimiento del investigador/a.* Esto, a la postre, lleva consigo una falta de producción de conocimiento nuevo o modelos innovadores propios, en algunas área de conocimiento, que lejos de producir explicaciones propias d elos fenómenos, utilizan conocimiento o "construcciones prestadas" de otro ámbitos científicos, en detrimento del propio ámbito disciplinar.

A la par de lo anterior, están surgiendo, producciones de dudosa originalidad y novedad, por el fenómeno de la "apropiación intelectual" del conocimiento, sin la cita específica del modelo orginario, en el que se fundamenta o deriva, el "pretendido nuevo modelo". Esto genera confusión, amén de la vulneración de los derechos de propiedad interlectual o "intrusismo académico".

2) La *acreditación de la investigación realizada, en un período dado,* debe dar cuenta de la relación entre la misma, con el ámbito de conocimiento y la línea de investigación de la persona que la presenta. La *visión* y *misión* de cada área de conocimiento es diferencial y, aunque los límites de las mismas entre ellas con difusas, se hace necesario justificar cada aportación, en el contexto de la misma. Dicho de otra manera, no vale cualquier publicación y enfoque de la misma, para cual quier área de conocimiento. Más bien, al revés, la investigación debe ser una consecuencia de la visión y misión de la problemática, tal y como se define e intrpreta conceptualmente en ese ámbito de conocimiento.

Podemos analizar algunos ejemplos de publicaciones para mayor visibilidad de este hecho. La actual problemática del *papel de las emociones en el comportamiento* puede ser conceptualizado y analizado de tantas maneras como Disciplinas y Ámbitos de conocimiento tiene la Psicología, como Ciencia del Comportamiento:

1) *Estudio de las emociones desde la Psicología Biológica y Neuropsicología.* Ejemplos:

Absalyamova, L., Kriukova, M., Chorna, O., Bader, S., Anastasova, N., & Maksymchuk, B. (2024). Neuropsychological Prevention of Students' Procrastination. BRAIN. *Broad Research in Artificial Intelligence and Neuroscience, 15*(1), 1-13. https://doi.org/10.18662/brain/15.1/530

Hou, W., Sahakian, B.J., Langley, C. et al. Emotion dysregulation and right pars orbitalis constitute a neuropsychological pathway to attention deficit hyperactivity disorder. *Nat. Mental Health 2,* 840–852 (2024). https://doi.org/10.1038/s44220-024-00251-z

2) *Estudio de las emociones desde la Psicología Básica.* Ejemplos:

Checa, P., & Fernández-Berrocal, P. (2019). Cognitive control and emotional intelligence: effect of the emotional content of the task. Brief reports. *Frontiers in Psychology, 10,* 195. https://doi.org/10.3389/fpsyg.2019.00195

Yildirim, C., & Correia, A. P. (2015). Exploring the dimensions of nomophobia: Development and validation of a self-reported questionnaire. Computers in human behavior, 49, 130-137. https://doi.org/10.1016/j.chb.2015.02.059

3) *Estudio de las emociones desde la Metododología de ls Ciencias del Comportamiento*. *Ejemplos:*

Rottweiler, A.-L., Stockinger, K., & Nett, U. E. (2023). Students' regulation of anxiety and hope—A multilevel latent profile analysis. *Emotion, 23*(7), 1891–1903. https://doi.org/10.1037/emo0001200

Wetzel, E., Lang, F. J., Back, M. D., Vecchione, M., Rogoza, R., & Roberts, B. W. (2021). Measurement Invariance of Three Narcissism Questionnaires Across the United States, the United Kingdom, and Germany. *Assessment, 28*(1), 29-43. https://doi.org/10.1177/1073191120907967

4) *Estudio de las emociones desde la Psicología de la Personalidad, Evaluación y Tratamientos Psicológicos*. *Ejemplos:*

Becerra, R., Preece, D., Campitelli, G., & Scott-Pillow, G. (2019). The assessment of emotional reactivity across negative and positive emotions: Development and validation of the Perth Emotional Reactivity Scale (PERS). *Assessment, 26*(5), 867-879. https://doi.org/10.1177/107319111769445

Cano-Vindel A, Muñoz-Navarro R, Moriana JA, Ruiz-Rodríguez P, Medrano LA, González-Blanch C. Transdiagnostic group cognitive behavioural therapy for emotional disorders in primary care: the results of the PsicAP randomized controlled trial. Psychological Medicine. 2022;52(15):3336-3348. doi:10.1017/S0033291720005498

5) *Estudio de las emociones desde la Psicología Evolutiva y de la Educación*. *Ejemplos:*

Linnenbrink-Garcia, L., Patall, E. A., & Pekrun, R. (2016). Adaptive motivation and emotion in education: Research and principles for instructional design. *Policy Insights from the Behavioral and Brain Sciences, 3*(2), 228-236. https://doi.org/10.1177/2372732216644450

Schwartze, M. M., Frenzel, A. C., Goetz, T., Lohbeck, A., Bednorz, D., Kleine, M., & Pekrun, R. (2024). Boredom due to being over-or under-challenged in mathematics: A latent profile analysis. *British Journal of Educational Psychology,* https://doi.org/10.1111/bjep.12695

5) *Estudio de las emociones desde la Psicología Social y de las Organizaciones*. *Ejemplos:*

Kohnen, D., De Witte, H., Schaufeli, W. B., Dello, S., Bruyneel, L., & Sermeus, W. (2024). Engaging leadership and nurse well-being: the role of the work environment and work motivation—a cross-sectional study. *Human Resources for Health, 22*(1), 8. https://doi.org/10.1186/s12960-023-00886-6

Wehrt, W., & Sonnentag, S. (2024). When is Taking Charge Depleting? Job Control and Self-Control Demands as Moderators in Daily Depletion Processes. *Scandinavian Journal of Work and Organizational Psychology, 9*(1): 3, 1–17. DOI: https://doi.org/10.16993/sjwop.219

5.3. Implicaciones de la elección del Área / Ámbito de Conocimiento

Como se puede comprobar, el abordaje de cada área de conocimiento disciplinar, respecto al tópico expuesto es diferente. Y es, precisamente, ese nivel diferencial de *visión y misión* de cada área de conocimiento lo que permite realizar aportaciones diferenciales, en un nivel de *microanálisis* (Bio-Neuropsicológico), *molecular* (Clínico-Sanitario) o *molar* (Psicológico Educativo o Social-organizacional) (de la Fuente et al., 2019).

Si bien es cierto que los límites y niveles de abordaje no son rígidos, no deberían perderse de perspectiva, para poder ubicarse adecuadamente en este *puzle* de diversidad investigadora. Por ejemplo:

1) el ***Área de Psicobiología***, realiza un análisis de los fundamentos biológicos (fisio o neurológicos) de los procesos biologicos de la conducta; por ello, la ubicamos en un nivel de micro-análisis de los procesos psicológicos, en el cual se crean modelo bio-conductuales (trastornos neurológicos, TDAH…).

2) El ***Área de Psicología Básica o Experimental***, analiza los procesos psicológico desde una visión concreta y experiemntal descontextualizada de la conducta -a mayor validez interna, menor validez externa o de generalización contetual-, tanto desde el punto de vista emocional, como cognitivo y cnductual, lo que permite tener micro-modelos teóricos y empíricos de estos procesos básicos del comportamiento humano (atención, memoria, emociones, discalculia, meta-memoria, TDAH).

3) El ***Área de Metodología de las Ciencias del Comportamiento*** está centrada en la garantía metodológica de los diseños, análisis de datos, e innovación estadística en Psicología. Si visión es trasversal al resto de las áreas de conocimiento. En la práctica, está más cerca de las otras áreas básicas y experimentales de la Psicología que de las áreas molares y aplicadas.

4) El ***Área de Personalidad, Evaluación y Tratamientos Psicológicos*** está centrada en una visión psicológica clínica y de la Salud.Esto supone el estudio de las emociones, como procesos de la conducta disfuncionales o funcionales, como correlatos de diferentes desajustes comportamentales. El enfoque de

los trastornos y disfunciones es prevalente en esta área, sin perjucio de las intervenciones ara optimizar tales procesos. El ámbito clínico, hospitalario y d ela salud es el natural de esta área.

5) El Área de Psicología Evolutiva y de la Educación, habitualmente, analiza los factores emocioales, tanto desde la perspectiva de los cambios psicoevolutivos en las mismas, como de los procesos de enseñanza-aprendizaje que se producen en los diferentes contextos educativos, formales, no formales e informales. En especial, se analizan el peso de las mismas, en la comptencia para aprender a aprender, como factor de protección o de riesgo para el proceso de aprendizaje. De otra parte, se analiza la importancia de los factores de enseñanza- aprendizaje y el efecto cognitivo-emocional de los mismos (de la Fuente y Justicia, 2018).

6) El Área de Psicología Social y de las Organizaciones, se centra en el estudio y análisis de los procesos y fenómenos psicológicos y cómo éstos impactan en los fenomenos sociales y en las organizaciones. Consecuentemente, su perspectivay visión es diferencial aplicada a este campo. Aunque pueda trabajar con modelos y visión molecular, habituaclmente su enfoque de acercamiento a los fenómenos es molar, contextuañizado e interactivo.

5.4. Consecuencias de una falta de definición de un Perfil en el Ámbito y Área de la investigación

Cuando el investigador no define explícitamente -ya sea por desconocimiento o por trabajar en un ámbito excesivamente transversal o multiárea- el Ámbito y Área de conocimiento científico en el que se ubica, se produce el fenomeno de la *producción científica descontextualizada.* Se define como el tipo de actividad y producción científica que, como su nombre indica, no está suficientemente definida o posicionada, en las teorías, modelos, hipótesis o líneas de investigación relevantes, propias del contexto en el que, a priori, deberían ubicarse, en base a la defición de la comunidad científica.

La *producción descontextualizada* de conocimiento científico lleva consigo diferentes desajustes o problemáticas asociadas:

1) El objeto de la producción *no es tanto el realizar una aportación relevante,* relativa a la creación de nuevo conocimiento y/o falsamiento de teorías, modelos y evidencias previas -propias de cada ámbito, area y nivel disciplinar- como el producir una gran cantidad de artículos e informes de investigación, que garanticen un determinado nivel de impacto al investigador y al equipo de investigación. Ello les daría acceso competitivo a poder competir en las convocatorias de Proyectos I+D de Investigación, auqnue sin líneas y modelos relevantes.

2) Con el pretexto de la multidisciplinariead, los agentes de la producción *no tienen que estar especializados en el tema o tópico de investigación objeto de la publicación*. De hecho, se priman equipos multidisciplinares, en donde -mediante estudiada rotación de los trabajos- todos publican en diferentes tópicos de trabajo, con independencia de su especializada previa y de su ámbito disciplinar. Esto a la postre, e suna práctica de desprofesionalización científica ya que, trasmite la idea implícita de que todos los miembros pueden realizar esa investigación con independencia de la titulación y epscialización de base.

3) Se produce una *permanente apropiación disciplinar de los modelos teóricos, de las teorías inherentes de las que se parte, o de la propia evidencia empírica entre las áreas de conocimiento*. Esto, en sí mismo, tiene consecuencias disciplinares importantes porque, el éxito de las publicaciones a corto plazo se traduce en un fracaso disciplinar, a largo plazo, habida cuenta que dejan de producirse construcciones teóricas, modelos propios y evidencia del área de conocimiento en cuestión. Se produce una "descapitalización de la propia Área /Ambito de Conocimiento", ak utilizar construcciones u modelos propios de otras áreas de conocimiento, en vez de avanzar en modelos y teorías propias del campo disciplinar en cuestión..

4) Se produce una *falta de especialización disciplinar y académica investigadora*, a través de esta práctica aparentemente adecuada. El motivo radica en que se fomenta una falsa percepción de aportaciones relevantes en múltiples tópicos de investigación, cuando realmente lo que ocurre es que se realizan aportaciones de escasa relevancia investigadora, en múltiples campos de conocimiento proximales. Podemos poner dos ejemplos, analizando sendos campos disciplinares afines:

· *El ámbito de Ciencias de la Educación, respecto al ámbito de la Psicología*

Se puede considerar a las Ciencias de la Educación son un conjunto de campos diciplinares, cuyo objeto de estudio es la Educación. Se asume que como la Educación es un fenómeno complejo y multidisciplinar, debe ser analizado por diferentes disciplinas afines que, aportando su visión específica, permitan conocer el fenómeno en su amplitud y dimensión multidisciplinar adecuada. Se definen como *Ciencias de la Educación* a un conjunto de múltiples disciplinas, que -desde esta perspectiva- complementan a la *pedagogía* en su explicación del fenómeno educativo: filosofía de la educación, teoría de la educación, didáctica general y específicas, psicopedagogía, psicología de la educación, sociología de la educación o antropología.

El problema no sería tal si cada una de ellas aportara su visión disciplinar y sus modelos explicativos propios al objeto de estudioque se aborda. Considero que esta es la auténtica *inter-* y *multidisciplinariedad*. Sin embargo, no simpre ocurre así y en este proceso se entremezclan modelos y variables explicativas. Podemos analizar diferentes artículos y ejemplos, que permiten entender esta problemática. Por ejemplo, ¿es relevante que desde el punto de vista pedagógico se analice la personalidad del profesor como variable de estrés, en el proceso de enseñanza-aprendizaje? (García-Martínez er al., 2021). Desde un punto de vista disciplinar, esa es una variable psicológica propia de la Psicología de la Educación (APA, 2012). Por ello, no se entiende que artículos y Journals, con un enfoque netamente pedagógico o didáctico asuman como variables explicativas las propias de otro dominio, promuevan la investigación propia del ámbito psicoeducativo, en vez de potencias sus propios modelos teóricos y empíricos para explicar los fenónemos, desde su visión disciplinar. Existen multitud de ejemplos que se pueden buscar fácilmente en los Journals al uso en internet. El problema inherente es que los tópicos, enfoques, variables y modelos psicoeducativos que han sido expuestos con claridad (de la Fuente y Justicia, 2018; Harris, et al., 2012, APA) se entremezclan con los de otras diciplinas sin explicitar este hecho, ni su procedencia. El efecto es que favorece la percepción de que da igual el área de conocimiento de origen, a la hora de trabajar con los constructos científicos: todas la áreas pueden trabajar con todos las construcciones teóricas y empíricas.

· El ámbito de la Filosofía, Antropología y Sociología, respecto a la Psicología (y Neuropsicología)

La evolución de la investigación, en los campos disicplinares de la Filosofía, la Antropología y la Sociología (*Ciencias Sociales*) respecto a la Psicología y Neuropsicología (Ciencias del Comportamiento), lleva consigo conexiones diversas:

La *Psicología*, como ciencia positivista, ha aportado construcciones operacionales de constructos propios de estas disciplinas, permitiendo una definición clara y acotada de construcciones de las Ciencias Sociales. Esto ha supuesto que algunas Ciencias Sociales, están asumiendo tales construcciones como propias, sin serlo, desde el punto de vista conceptual. Por ejemplo, el concepto *Felicidad* es una construcción Antropologico-Filosófica, heredada de un conjunto de disciplinas, que han aportado el concepto de felicidad hedónica y eudaumónica. De esa concepción ha surgido la construcción operativa *Bienestar Psicológico* caracterizado por cinco dimensiones comportamentales (Ryff & Keyes, 1995). El desajuste se produce cuando se utilizan indistintamente ambas construcciones *felicidad* y *bienestar*, como construcciones equivalentes e intercambiables. Esto hay que demostrarlo y, realmente, es difícil porque la disciplina filosófica no ha definido previamente operacionalmente la felicidad, ni ha creado instrumentos de evaluación operacional de la misma, que lo permitan. ¿No sería más coherente eso para la Filosofía, como disciplina, en vez tomar prestada la construcción Psicológicas del Bienestar para abordar el problema de la Felicidad en sus trabajos?

La *Filosofía,* como disciplina de conocimiento, se ha acepcado progresivamente al ámbito de la neurología y neuropsicología, a la búsqueda de producciones y publicaciones de impacto. Hasta tal punto es así que muchas de las publicaciones actuales en Neuropsicología están realizadas por Filósofos que trabajan en este campo. La pregunta es, si realmente, esta disciplina debe tener como objeto de estudio procesos que no son de su especialización, de partida, tales como los neurológicos y los cognitivos (Savordi, 2013).

6. <u>DECISIÓN TERCERA</u>. ELECCION DE MENTOR/A, GRUPO DE INVESTIGACION Y DE TÓPICO COHERENTE CON TU AREA DE CONOCIMIENTO.

6.1. Elección de un Mentor/a y Grupo de Investigación alineado con tus intereses investigadores

· La elección de un *Mentor/a* y *Grupo de Investigación* (GI) es nuclear, puesto que condiciona toda la actividad y carrera investigadora. Este condicionamiento se produce en diferentes sentidos:

1) En el GI y con tu mentor/a tienen lugar las primeras experiencias de *socialización investigadora,* es decir, en él se producen las primeras experiencias de participación en Proyectos, Actividades, Artículos, Comunicaciones, Congresos, etc.

2) A través de él, se aprende el *enfoque (visión y misión) del Área de Conocimiento,* en la que se ubica el GI y sus miembros. Para comprender este aspecto es conveniente considerar, elementos referidos con anterioridad, en la actividad investigadora del contexto del GI. Ver Figura 3.

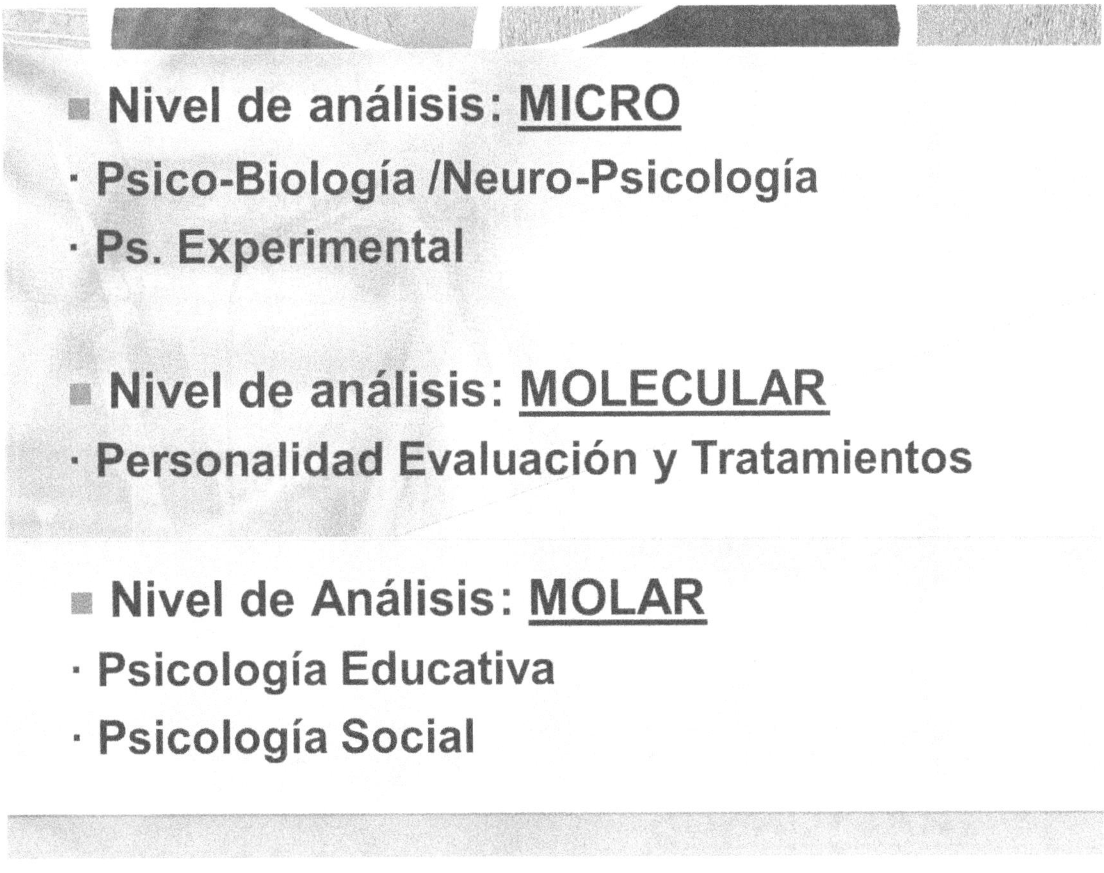

Figura 3. Niveles de análisis micro, molecular y molar de las disciplinas psicológicas

6.2. Elección de un tópico de investigación y del nivel profesional aplicado, en línea con el propio del GI

Aunque las posibilidades de especialización en tópicos de investigación son diversas, es importante reconocer el *tópico de investigación*, en el contexto del Área de conocimiento elegida. Para saber esto, es conveniente consultar trabajos síntesis o manuales que realicen una síntesis conceptual de este tipo. Por ejemplo, en el ámbito de la disciplina *Psicología de la Educación,* se han realizado trabajos recientes que pretenden dar esta visión: Tópicos de Investigación recientes en Psicología de la Educación (de la Fuente & Justicia, 2018). Sin una visión general es difícil perfilar qué "parte del todo" o *sub-tópico de investigación* es de interés para cada investigador.

También hay que definir el ámbito o nivel de investigación, asociado a la práctica profesional, en el que se desea investigar. Las Áreas de conocimiento está intrínsecamente asociadas a conceptualizaciones y visiones de su aplicabilidad profesional. Aunque este concepto no debe aplicarse de forma rígida, la realidad es que los modelos científicos y tecnológicos que se construyen en cada ámbito de conocimiento tienen una visión de aplicabilidad específica. Ver Figura 4.

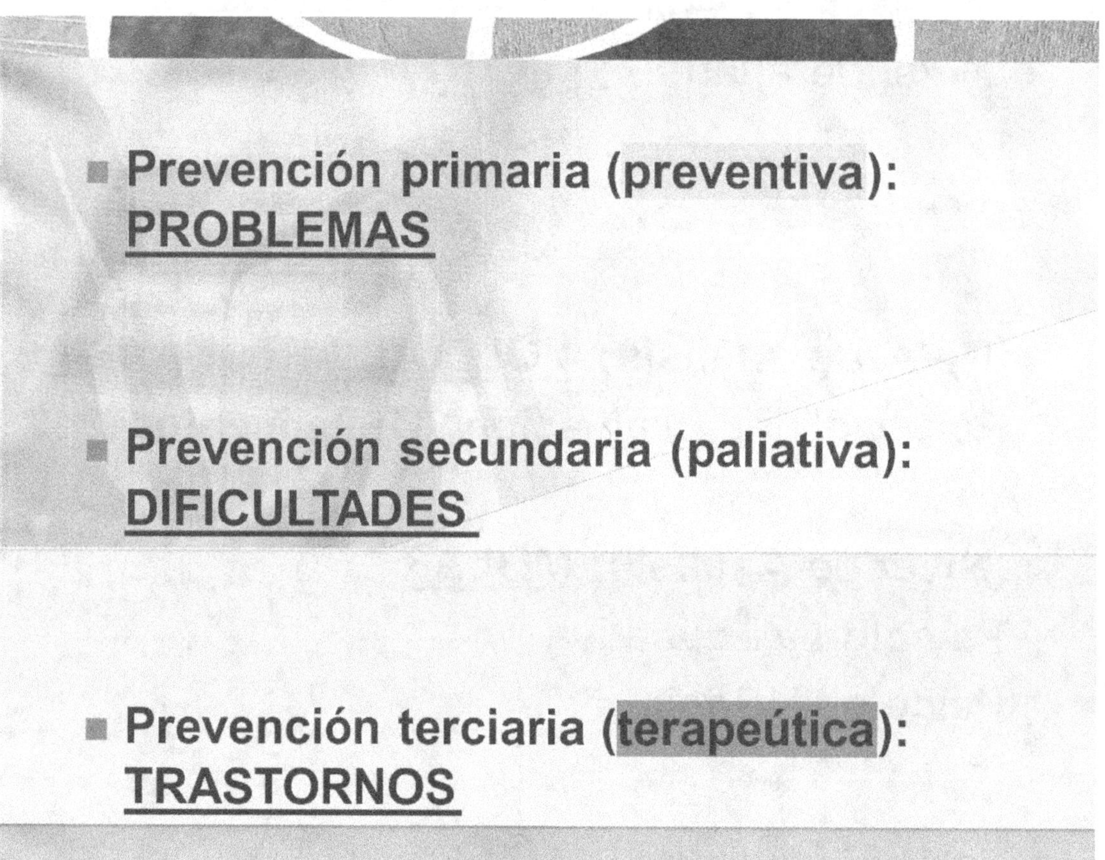

Figura 4. Niveles de prevención de la actividad profesional

Cada área de conocimiento investiga, habitualmente, según el tipo de abordaje y *perfil profesional* en el que se desea explicar el fenómeno. Así, las visiones son diferentes de las mismas problemáticas profesionales, según el área de conocimiento de la que se proceda.

1) *La visión Médico-Psiquiátrica de la Salud Mental (nivel BIO)*

El concepto utilizado en este ámbito científico-profesional es el de salud mental, que se refiere al bienestar biológico, neurológico y comportamental. Sus orígenes hay que buscarlos en la diferenciación clásica de mente-cuerpo o en la clasificación de enfermedades físicas y mentales. Se centra en analizar y mejorar el sustratos biológico, neurológico y psicológico del funcionamiento de la mente. Por ello, podríamos considerarlo -asumiendo la metáfora del ordenador- como un enfoque preferente de hardware mental. Es decir, este modelo se centra, esencialmente, en el estudio de los factores de orden bio-psico en el contexto del paradigma modelo bio-psico-social. En síntesis, realiza un análisis de nivel neuropsicológico y psicopatológico, utilizando para ello la nosología o taxonomía psiquiátricas.

Este enfoque, centrado en la *prevención terciaria* (nivel de análisis psicopatológico o clínico) busca definir el problema en base a factores neurobiológicos y trastornos comportamentales. Existe numerosa evidencia, referida a la existencia de patrones biológicos, de inteligencia, de personalidad, o de sobreexcitabilidad, en la base de los trastornos psiquiátricos (Abramovitch et al. 2021; Rodríguez-Thompson, et al., 2024). Bajo este enfoque, el análisis de los problemas de salud mental se focaliza en la persona, tanto en el nivel de micro-análisis (neuropsicológico) como de análisis molecular (clínico) de la problemática (de la Fuente et al., 2021). De hecho, son los que legalmente pueden diagnosticar y prescribir fármacos, en el Sistema de Salud. Desde esta práctica profesional, el análisis está focalizado en la prevalencia de los casos de problemática de "salud mental" y en la propuesta de incremento de personal sanitario, en el sistema hospitalario. En esencia, esta visión se centra en los trastornos mentales, con origen en algún elementos biológico del organismo, aunque admiten desajustes funcionales comportamentales colaterales (Hazzard et al., 2023).

2) *La visión Clínico-Comportamental de la Salud (nivel PSICO)*

En primera instancia, la visión clínica de la salud mental, asume el estudio de los procesos y factores de psicopatologización de la salud mental, tanto por causas biológicas (neurológicas) como psicológicas (mentales) y sociales (en menor cuantía). La mayor parte de los modelos de evaluación e intervención en este ámbito están centrados en delimitar la prevalencia y los factores de riesgo vs protección de orden biológico-mental. Así, está más centrado en problemas netamente clínicos, tales como el riesgo de suicidio las tasas y factores de depresión, la ansiedad con las adicciones comportamentales o la intervención en determinados trastornos específicos.

Complementariamente, la visión de la salud comportamental, proveniente de la *Psicología Positiva*, se refiere al conjunto de comportamientos constitutivos del bienestar subjetivo de orden cognitivo, emocional y conductual de las personas. Se centra, analizar, ayudar a cambiar y a mejorar lo que las personas piensan, sienten y hacen, es decir, el nivel de funcionamiento comportamental específico. Por ello, podríamos considerarlo -asumiendo la analogía del ordenador- como un modelo de intervención de software. De ahí el nombre de los psicólogos como ingenieros comportamentales, denominación habitualmente utilizada en USA. En esencia, los psicólogos somos profesionales que intentamos ayudar a las personas a ajustar o cambiar, a re-programar o a des-programamar los repertorios aprendidos e instaurados en las personas, que les son disfuncionales o desadaptativos, a favor de otros más ajustados y adecuados a sus demandas y necesidades, siempre con el concurso y los límites del nuestro Código Deontológico.

3) *La visión psico-social de la salud mental (nivel psico-social y psico-educativo)*

Este nivel de análisis se centra en el estudio de los factores comportamentales de orden psico-social, es decir, en el análisis y estudio de la interacción entre las características personales y contextuales, ya sea en el ámbito psico-social o psico-educativo. En esencia este modelo pretende centrase y analizar los ajustes y desajustes comportamentales a nivel cognitivo, emocional y conductual, para detectar comportamientos disfuncionales y proceder a su modificación.

6.3. La Titulación como dominio de formación Académico-Profesional y sus implicaciones para la visión y misión de la actividad investigadora

Cada titulación aborda los problemas, las disfunciones y las patologías, en función de su posicionamiento como Ciencia y como Profesión. En esencia, esto es así, porque la Titulación o Grado y el Máster –en su caso- proporcionan la visión del problema (perfil académico) y la misión aplicada (perfil profesional), en un campo dado. Así, el abordaje de los profesionales de la Psiquiatría es constitutivamente diferente al de la Psicología, por diferentes razones que se enumeran, a continuación.

1) *La visión Neuro-Psiquiátrica preventiva de la Salud Mental: de orden micro-analítico (neuro-) y molecular (clínico-patológico)*

Los profesionales del ámbito de la Neurología y Psiquiatría son titulados en Medicina que se han especializado en el Campo de la Salud Mental. Han realizado su ámbito formativo en el conocimiento bio-médico de los procesos implicados en la salud física y en la mental. Esto significa que, por definición, estudian los comportamientos disfuncionales y psicopatológicos de las personas. Este enfoque posee varias asunciones relevantes:

1) El componente bio-médico de la salud y de la enfermedad es su foco de análisis.

2) Al igual que en las enfermedades biológicas, el diagnóstico y la categorización de la enfermedad es nuclear en el proceso.

3) Se asume que los contextos psicosociales tienen relevancia explicativa, pero no son esenciales en la búsqueda explicativa del fenómeno. Este está centrado en las características personales y biológicas de la enfermedad mental.

4) En general, sus modelos diagnósticos explicativos no están centrados en los procesos de aprendizaje de las conductas disfuncionales, sino en categorizar las disfunciones o patologías. En numerosos casos se produce el fenómeno de "reificación del constructo", esto es, dar valor causal del comportamiento a la etiqueta diagnóstica que describe la conducta (Te Meerman et al., 2022). En el caso específico del abordaje neurológico, se buscan factores neuronales, a la base de las disfunciones o trastornos mentales o psicopatológicos, anteriormente descritos (Park et al., 2024). El ámbito por excelencia de este perfil profesional es el de la *prevención terciaria*.

2) *La visión Neuropsicológica y Psicológica Clínica y de la Salud (orden molecular)*

En el caso de los profesionales de la Psicología Clínica y de la Salud, la visión psicológica de las enfermedades mentales (y comportamentales), se centra esencialmente en el estudio de las disfunciones y psicopatologías comportamentales, que se producen en el ámbito clínico. El ámbito por excelencia de este perfil profesional es el de la *prevención secundaria y terciaria*. Habitualmente se realiza un análisis clínico-molecular de los factores de protección y de riesgo, a la hora de explicar, evaluar e intervenir en las problemáticas de este ámbito. El análisis funcional de la conducta, como herramienta terapéutica es esencial, para delimitar los procesos de aprendizaje disfuncional que subyace a la patología comportamental

3) *La visión Psicológica preventiva en el ámbito psicoeducativo: nivel molar (persona x contexto)*

Este perfil profesional estaría formado por Profesionales que habría realizado el Grado de Psicología, en el itinerario de Psicología de la Educación y, posteriormente, el Máster en Psicología de la Educación (no profesionalizante). En esencia, esta visión preventiva se caracteriza por un nivel de análisis preferentemente molecular (psico-socio-educativo), en el cual el análisis de las características del nivel de competencias de la persona, sus características individuales diferenciales y el contexto educativo proporcionarían el modelo conceptual o entramado, sobre el cual analizar los factores de protección y de riesgo (de la Fuente y Justicia, 2018). A pesar de ello, tampoco existe unanimidad de concepciones. Incluso, podemos afirmar que, actualmente, conviven en nuestros centros educativos diferentes visiones de la prevención, dentro del colectivo de los Académicos y Profesionales de la Psicología:

1) *Los Psicólogos Educativos, que trabajan y asumen el modelo de Orientación en los Centros Educativos formales.* Asumen, por normativa nacional y autonómica, un modelo de orden pedagógico y psicopedagógico. Si están en el Sistema Público, han debido realizar el Máster en Profesorado de Educación Secundaria y pueden desempeñar tareas de orientación educativa, interna o externa, de apoyo a centros. Este modelo implica que el abordaje, referido a la evaluación e intervención, en salud mental y comportamental es muy tangencial, habida cuenta que las demandas son propiamente educativas y pedagógicas. Este perfil profesional -diseñado por la Administración Educativa como genérico e inespecífico- puede implementar programas de tipo Educativo, Psicopedagógico y Psicoeducativo, sin importar la titulación previa del profesional que lo lleva a cabo. Este modelo estaría refrendado por el Colegio Oficial de la Psicología y de la Psicopedagogía (Consejo General de Pedagogos y Psicopedagogos de España; COPPP Valencia), y otras asociaciones profesionales surgidas, esencialmente, con profesionales orientadores del ámbito público (Asociación Aragonesa de Psicopedagogía). En él, se entremezclan de forma indiferenciada tres tipologías diferentes de programas de intervención (de la Fuente Vera, Peralta-Sánchez y Martínez-Vicente, 2023; pág. 8). Ver Tabla 3.

Tabla 3. Categorización de diferentes tipos de Programas

Nivel del programa	Concepción	Dominio/Titulación	Enfoque Profesional
1. Educativo	Educativo	Magisterio	Generalista/Especialista curricular
2. Psicopedagógico	Psicopedagógica	Psicopedagógica	Específico Especialista Orientación Psicopedagógica
3. Psicoeducativo	Psicoeducativo	Psicólogo Educativo	Específico Especialista Psicología de la Educación

2) *Los Psicólogos Educativos que asumen -explícita o implícitamente- el Modelo Clínico o Psicopatológico de la Salud Mental en el Contexto Educativo.* Este perfil académico-profesional, en esencia, utiliza las técnicas de análisis e intervención clínica, en el contexto educativo. A tenor de los instrumentos utilizados y de los informes efectuados, puede deducirse que el diseño de análisis tiene una visión clínica de la salud, aunque realizado en el ámbito escolar.

3) Los *Psicólogos Educativos con una visión preventiva Psicoeducativa.* Este conjunto profesional, habitualmente, ha realizado el grado, con la especialidad de Psicología Educativa, así como un Máster en Psicología Educativa -no profesionalizante, aún-. Este perfil profesional asume una visión preferentemente preventiva primaria, contextualizada en los entornos habituales en los alumnos se

desenvuelven: (1) nivel de contexto socio-familiar; (2) nivel de contexto de centro-aula; (3) nivel de contexto individual. Su visión del nivel de intervención preventiva suele ser centrase en la prevención primaria y secundaria, preferentemente. En este caso, se prioriza la intervención en programas formativos y sobre factores protectores, para minimizar los de riesgo. Sin embargo, también se considera la posibilidad de la detección de factores preventivos de riesgo, primarios y secundarios, así como la intervención en prevención secundaria y, en su caso, terciaria (Garaigordobil, 2024), aunque no es su ámbito preferente.

La consecuencia final de este análisis, está referida a que las investigaciones, los tópicos de investigación, es decir, la *visión y misión de la actividad investigadora* será diferente, según la titulación, y el enfoque académico y profesional, propio del Área / Ámbito de Conocimiento y del Grupo de Investigación en el que estemos formándonos.

7. DECISIÓN CUARTA. PLANIFICAR LA CARRERA Y ACTIVIDAD INVESTIGADORA (I+D+I)

La decisión relativa a la planificación de la carrea investigadora está referida a un conjunto de decisiones estratégicas complejas, que podríamos resumir en dos:

7.1. La Planificación de tu Competencia Investigadora (diseño de la carrea investigadora)

De todos es sabido que la *competencia investigadora* está referida a un conjunto complejo y amplio de aprendizajes diversos que se deben consolidar en el tiempo. La competencia investigadora debe situarse como una competencia propia de las competencias académico-profesionales (de la Fuente, Justicia, Casanova, y Trianes, 2005), aunque -aún- muchos psicólogos la consideran como propia del ámbito académico, pero no tanto profesional. Sin embargo, esta competencia es claramente *aplicable, cada vez más, en el ámbito profesional*, a través de investigaciones aplicadas o realizadas en el Departamento I+D+I en los centros académicos y profesionales. De hecho, el *Certificado EUROPsy*, así lo contempla, en su listado de competencias profesionales (https://europsy.es/).

Por ello, requiere experiencias formativas diversas, necesarias para su adquisición. Es obvio que esta competencia se debe comenzar a desarrollar durante el período Doctoral, pero se debe conseguir a lo largo del tiempo (ver Figura 5):

PLANIFICAR LA MEJORA DE COMPETENCIAS

- **COMPETENCIA PARA LA INVESTIGACIÓN:**
- Conocer carrera investigadora y ejemplos de **líneas (tópicos) de investigación** en este AREA DE CONOCIMIENTO (SABER)
- Mostrar **habilidades y estrategias de toma de decisiones** para la investigación **(SABER HACER / PODER)**
- Integrar experiencias, hábitos, modelos y **actitudes para la investigación (SABER SER/ QUERER)**

Figura 5. Niveles de la Competencia para la Investigación

(1) Subcompetencia de tipo *conceptua*l: hechos, conceptos y principios (*saber investigar*)

·Este subtipo de subcompetencia se *instruye*, es decir, se enseña por exposición y o por descubrimiento, propio o guiado. Por ello, es muy importante tener mucha información y buscarla para el aprendizaje

· La construcción de un *entramado conceptual* de *hechos y conceptos* del campo de conocimiento específico en que te quieras especializar es esencial, para poder entender las problemáticas y tópicos subyacentes, propios del mismo. Para ello es imprescindible el estudio detenido de los *modelos teóricos* relevantes en cada problemática y tópico de investigación. Para ello, son recomendables las síntesis conceptuales de cada ámbito diciplinar. Este conocimiento lo proporcionan las *Fuentes Documentales de cada ámbito* (ver ejemplo de *Proyecto Docente e Investigador*, de la Fuente, 2024). Por ejemplo, en el ámbito Psicoeducativo son relevantes los manuales y journals (APA, 2015; de la Fuente y Justicia, 2018). A partir de este conocimiento, pueden elegirse los tópicos y subtópicos en los que deseas especializarte. Esto es un trabajo y estudio de años…

· El conocimiento de los *principios deontológicos* de la actividad investigadora, no es un aprendizaje menor, por la relevancia que tiene en la producción y carrera científico-investigadora (Desmond, & Dierickx, 2021). Hosseini, & Lewis 2020). El aprendizaje de la *ética para la investigación*, también merecen un tiempo y un espacio en tu formación. No lo olvides. Asiste a seminarios, profesos formativos, conferencias, actividades que te ayuden a dimensionar esta parte de tu formación. Esto, te ayudará a que tengas interiorizados y asumas tales principios. En la actividad investigadora no vale todo. Todos conocemos investigadores que, lamentablemente, no han sido formados, o no han aprendido los mismos, con consecuencias nefastas para las personas que trabajan con ellos y para la propia actividad científica.

La *Declaración de Singapur* (2010) sobre la Integridad en la Investigación fue elaborada en el marco de la 2ª Conferencia Mundial sobre Integridad en la Investigación, 21-24 de julio de 2010, en Singapur, como una guía global para la conducta responsable en la investigación (Comisión Nacional de Investigación Científica y Tecnológica, 2010). Este no es un documento regulador ni representa las políticas oficiales de los países y organizaciones que financiaron y/o participaron en la Conferencia. Para acceder a las políticas, lineamientos y regulaciones oficiales relacionados con la integridad en la investigación, debe consultarse a los órganos y organizaciones nacionales correspondientes. Ver Tabla 2.

Tabla 2. Declaración de Singapur (2010) sobre la Integridad en la Investigación

Preámbulo

El valor y los beneficios de la investigación dependen sustancialmente de la integridad con la que èsta se lleva a cabo. Aunque existan diferencias entre países y entre disciplinas en el modo de organizar y llevar a cabo las investigaciones, existen también principios y responsabilidades profesionales que son fundamentales para la integridad en la investigación, donde sea que ésta se realice.

Principios

Honestidad en todos los aspectos de la investigación

Responsabilidad en la ejecución de la investigación

Cortesía profesional e imparcialidad en las relaciones laborales

Buena gestión de la investigación en nombre de otros

Responsabilidades

1. *Integridad*: Los investigadores deberían hacerse responsables de la honradez de sus investigaciones.

2. Cumplimiento de las normas: Los investigadores deberían tener conocimiento de las normas y políticas relacionadas con la investigación y cumplirlas.

3. *Métodos de investigación:* Los investigadores deberían aplicar métodos adecuados, basar sus conclusiones en un análisis crítico de la evidencia e informar sus resultados e interpretaciones de manera completa y objetiva.

4. *Documentación de la investigación*: Los investigadores deberían mantener una documentación clara y precisa de toda la investigación, de manera que otros puedan verificar y reproducir sus trabajos.

5. *Resultados de la investigación:* Los investigadores deberían compartir datos y resultados de forma abierta y sin demora, apenas hayan establecido la prioridad sobre su uso y la propiedad sobre ellos.

6. *Autoría:* Los investigadores deberían asumir la responsabilidad por sus contribuciones a todas las publicaciones, solicitudes de financiamiento, informes y otras formas de presentar su investigación. En las listas de autores deben figurar todos aquellos que cumplan con los criterios aplicables de autoría y sólo ellos.

7. *Reconocimientos en las publicaciones*: Los investigadores deberían mencionar en las publicaciones los nombres y funciones de aquellas personas que hubieran hecho aportes significativos a la investigación, incluyendo redactores, patrocinadores y otros que no cumplan con los criterios de autoría.

8. *Revisión por pares:* Al evaluar el trabajo de otros, los investigadores deberían brindar evaluaciones imparciales, rápidas y rigurosas y respetar la confidencialidad.

9. *Conflictos de intereses*: Los investigadores deberían revelar cualquier conflicto de intereses, ya sea económico o de otra índole, que comprometiera la confiabilidad de su trabajo, en propuestas de investigación, publicaciones y comunicaciones públicas, así como en cualquier actividad de evaluación.

10. *Comunicación pública*: Al participar en debates públicos acerca de la aplicación e importancia de resultados de cierta investigación, los investigadores deberían limitar sus comentarios profesionales a las áreas de especialización en las que son reconocidos y hacer una clara distinción entre los comentarios profesionales y las opiniones basadas en visiones personales.

11. *Denuncia de prácticas irresponsables en la investigación*: Los investigadores deberían informar a las autoridades correspondientes acerca de cualquier sospecha de conducta inapropiada en la investigación, incluyendo la fabricación, falsificación, plagio u otras prácticas irresponsables que

comprometan su confiabilidad, como la negligencia, el listado incorrecto de autores, la falta de información acerca de datos contradictorios, o el uso de métodos analíticos engañosos.

12. *Respuesta a prácticas irresponsables en la investigación*: Las instituciones de investigación, las revistas, organizaciones y agencias profesionales que tengan compromisos con la investigación deberían contar con procedimientos para responder a acusaciones de falta de ética u otras prácticas irresponsables en la investigación así como para proteger a aquellos que de buena fe denuncien tal comportamiento. De confirmarse una conducta profesional inadecuada u otro tipo de práctica irresponsable en la investigación, deberían tomarse las acciones apropiadas inmediatamente, incluyendo la corrección de la documentación de la investigación.

13. *Ambiente para la investigación*: Las instituciones de investigación deberían crear y mantener condiciones que promuevan la integridad a través de la educación, políticas claras y estándares razonables para el avance de la investigación, mientras fomentan un ambiente laboral que incluya la

integridad.

14. *Consideraciones sociales*: Los investigadores y las instituciones de investigación deberían reconocer que tienen la obligación ética de sopesar los beneficios sociales respecto de los riesgos inherentes a su trabajo.

En el caso de los investigadores/as procedentes del ámbito de la Psicología, como *Ciencia del Comportamiento,* es necesario recordar el Código de la Profesión de Psicólogo, que aporta un elemento complementario formativo para la elaboración de *principios profesionales* (ver Tabla 3). Se han resaltado en negrita aquellos que pueden afectar, directa o indirectamente a la actividad investigadora.

Tabla 3. Código Deontológico del/a Psicólogo/a

La normativa colegial cuyo contenido se oponga a la vigente redacción de la Ley de Colegios Profesionales se encuentra derogada y, por ello, no es de aplicación por el Consejo General de Colegios Oficiales de Psicólogos. Código Deontológico del Psicólogo Incluye modificaciones aprobadas en: Junta General de 6 de marzo de 2010 (Adaptación del CDP a la Ley 25/2009-Ley Ómnibus) Junta General de 13 de diciembre de 2014 (Siguiendo el criterio de la CNC, actualmente CNMC) Junta General de 12 de diciembre de 2015 (Deja sin efecto el Anexo que regula el Reglamento de la CDE al ser aprobado el Reglamento de Procedimiento Disciplinario del Consejo COP y de los Colegios)

CÓDIGO DEONTOLÓGICO DEL PSICÓLOGO

TÍTULO PRELIMINAR

Artículo 1º
• Este CÓDIGO DEONTOLÓGICO de la profesión de Psicólogo/a está destinado a servir como regla de conducta profesional, en el ejercicio de la Psicología en cualquiera de sus modalidades. El Consejo General de Colegios Oficiales de Psicólogos lo hace suyo y de acuerdo con sus normas juzgará el ejercicio de la profesión de los colegiados.

Artículo 2º
• La actividad del Psicólogo se rige, ante todo, por los principios de convivencia y de legalidad democráticamente establecidos en el Estado Español.

Artículo 3º
• En el ejercicio de su profesión el/la Psicólogo/a tendrá en cuenta las normas explícitas e implícitas, que rigen en el entorno social en que actúa, considerándolas como elementos de la situación y valorando las consecuencias que la conformidad o desviación respecto a ellas puedan tener en su quehacer profesional.

Artículo 4º
• El/la Psicólogo/a rechazará toda clase de impedimentos o trabas a su independencia profesional y al legítimo ejercicio de su profesión, dentro del marco de derechos y deberes que traza el presente Código.

I. PRINCIPIOS GENERALES

Artículo 5º
El ejercicio de la Psicología se ordena a una finalidad humana y social, que puede expresarse en objetivos tales como: el bienestar, la salud, la calidad de vida, la plenitud del desarrollo de las personas y de los grupos, en los distintos ámbitos de la vida individual y social. Puesto que el/la Psicólogo/a no es el único profesional que persigue estos objetivos humanitarios y sociales, es conveniente y en algunos casos es precisa la colaboración interdisciplinar con otros profesionales, sin perjuicio de las competencias y saber de cada uno de ellos.

Artículo 6º
La profesión de Psicólogo/a se rige por principios comunes a toda deontología profesional: respeto a la persona, protección de los derechos humanos, sentido de responsabilidad, honestidad, sinceridad para con los clientes, prudencia en la aplicación de instrumentos y técnicas, competencia profesional, solidez de la fundamentación objetiva y científica de sus intervenciones profesionales.

Artículo 7º
El/la Psicólogo/a no realizará por sí mismo, ni contribuirá a prácticas que atenten a la libertad e integridad física y psíquica de las personas. La intervención directa o la cooperación en la tortura y malos tratos, además de delito, constituye la más grave violación de la ética profesional de los/las Psicólogos/as. Estos no participarán en ningún modo, tampoco como investigadores, como asesores o como encubridores, en la práctica de la tortura, ni en otros procedimientos crueles, inhumanos o degradantes cualesquiera que sean las personas víctimas de los mismos, las

acusaciones, delitos, sospechas de que sean objeto, o las informaciones que se quiera obtener de ellas, y la situación de conflicto armado, guerra civil, revolución, terrorismo o cualquier otra, por la que pretendan justificarse tales procedimientos.

Artículo 8º
Todo/a Psicólogo/a deber informar, al menos a los organismos colegiales, acerca de violaciones de los derechos humanos, malos tratos o condiciones de reclusión crueles, inhumanas o degradantes de que sea víctima cualquier persona y de los que tuviere conocimiento en el ejercicio de su profesión.

Artículo 9º
El/la Psicólogo/a respetará los criterios morales y religiosos de sus clientes, sin que ello impida su cuestionamiento cuando sea necesario en el curso de la intervención.

Artículo 10º
En la prestación de sus servicios, el/la Psicólogo/a no hará ninguna discriminación de personas por razón de nacimiento, edad, raza, sexo, credo, ideología, nacionalidad, clase social, o cualquier otra diferencia.

Artículo 11º
El/la Psicólogo/a no aprovechará, para lucro o beneficio propio o de terceros, la situación de poder o superioridad que el ejercicio de la profesión pueda conferirle sobre los clientes.

Artículo 12º
Especialmente en sus informes escritos, el/la Psicólogo/a será sumamente cauto, prudente y crítico, frente a nociones que fácilmente degeneran en etiquetas devaluadoras y discriminatorias, del género de normal/anormal, adaptado/inadaptado, o inteligente/deficiente.

Artículo 13º
El/la Psicólogo/a no realizará maniobras o actuaciones de captación contrarias a la ley encaminadas a que le sean confiados los casos de determinadas personas o tendentes a asegurar su monopolio profesional en un área determinada. El/la Psicólogo/a en una institución pública no aprovechará esta situación para derivar casos a su propia práctica privada.
[Nunca el/la Psicólogo/a realizará maniobras de captación encaminadas a que le sean confiados los casos de determinadas personas, ni tampoco procederá en actuaciones que aseguren prácticamente su monopolio profesional en un área determinada. El/la Psicólogo/a en una institución pública no aprovechará esta situación para derivar casos a su propia práctica privada. (Se deja sin efecto según el criterio de la CNC)].

Artículo 14º
El/la Psicólogo/a no prestará su nombre ni su firma a personas que ilegítimamente, sin la titulación y preparación necesarias, realizan actos de ejercicio de la Psicología, y denunciará los casos de intrusismo que lleguen a su conocimiento. Tampoco encubrirá con su titulación actividades vanas o engañosas.

Artículo 15º
Cuando se halle ante intereses personales o institucionales contrapuestos, procurará el/la Psicólogo/a realizar su actividad en términos de máxima imparcialidad. La prestación de servicios en una institución no exime de la consideración, respeto y atención a las personas que pueden entrar en conflicto con la institución misma y de las cuales el/la Psicólogo/a, en aquellas ocasiones en que legítimamente proceda, habrá de hacerse valedor ante las autoridades institucionales.

II. DE LA COMPETENCIA PROFESIONAL Y DE LA RELACIÓN CON OTROS PROFESIONALES

Artículo 16º
Los deberes y derechos de la profesión de Psicólogo se constituyen a partir de un principio de independencia y autonomía profesional, cualquiera que sea la posición jerárquica que en una determinada organización ocupe respecto a otros profesionales y autoridades superiores.

Artículo 17º
La autoridad profesional del Psicólogo/a se fundamenta en su capacitación y cualificación para las tareas que desempeña. El/la Psicólogo/a ha de estar profesionalmente preparado y especializado en la utilización de métodos, instrumentos, técnicas y procedimientos que adopte en su trabajo. Forma parte de su trabajo el esfuerzo continuado de actualización de su competencia profesional. Debe reconocer los límites de su competencia y las limitaciones de sus técnicas.

Artículo 18º
Sin perjuicio de la legítima diversidad de teorías, escuelas y métodos, el/la Psicólogo/a no utilizará medios o procedimientos que no se hallen suficientemente contrastados, dentro de los límites del conocimiento científico vigente. En el caso de investigaciones para poner a prueba técnicas o instrumentos nuevos, todavía no contrastados, lo hará saber así a sus clientes antes de su utilización.

Artículo 19º
Todo tipo de material estrictamente psicológico, tanto de evaluación como de intervención o tratamiento, queda reservado al uso de los/as Psicólogos/as, quienes por otra parte, se abstendrán de facilitarlos a otras personas no competentes. Los/las Psicólogos/as gestionarán o en su caso garantizarán la debida custodia de los documentos psicológicos.

Artículo 20º
Cuando una determinada evaluación o intervención psicológica envuelva estrechas relaciones con otras áreas disciplinares y competencias profesionales, el/la Psicólogo/a tratará de asegurar las correspondientes conexiones, bien por sí mismo, bien indicándoselo y orientando en ese sentido al cliente.

Artículo 21º
El ejercicio de la psicología no deberá ser mezclado, ni en la práctica, ni en su presentación pública, con otros procedimientos y prácticas ajenos al fundamento científico de la psicología, cuando tal prohibición esté prevista legalmente.

Artículo 22º

Sin perjuicio de la crítica científica que estime oportuna, en el ejercicio de la profesión, el/la Psicólogo/a no desacreditará a colegas u otros profesionales que trabajan con sus mismos o diferentes métodos, y hablará con respeto de las escuelas y tipos de intervención que gozan de credibilidad científica y profesional.

Artículo 23º
El ejercicio de la Psicología se basa en el derecho y en el deber de un respeto recíproco entre el/la Psicólogo/a y otras profesiones, especialmente las de aquellos que están más cercanos en sus distintas áreas de actividad.

III. DE LA INTERVENCIÓN

Artículo 24º
El/la Psicólogo/a debe rechazar llevar a cabo la prestación de sus servicios cuando haya certeza de que puedan ser mal utilizados o utilizados en contra de los legítimos intereses de las personas, los grupos, las instituciones y las comunidades.

Artículo 25º
Al hacerse cargo de una intervención sobre personas, grupos, instituciones o comunidades, el/la Psicólogo/a ofrecerá la información adecuada sobre las características esenciales de la relación establecida, los problemas que está abordando, los objetivos que se propone y el método utilizado. En caso de menores de edad o legalmente incapacitados, se hará saber a sus padres o tutores. En cualquier caso, se evitará la manipulación de las personas y se tenderá hacia el logro de su desarrollo y autonomía.

Artículo 26º
El/la Psicólogo/a debe dar por terminada su intervención y no prolongarla con ocultación o engaño tanto si se han alcanzado los objetivos propuestos, como si tras un tiempo razonable aparece que, con los medios o recursos a su disposición, es incapaz de alcanzarlos. En este caso indicará a la persona, grupo, institución o comunidad qué otros psicólogos o qué otros profesionales pueden hacerse cargo de la intervención.

Artículo 27º
El paciente tendrá plena libertad para concertar los servicios profesionales de un psicólogo/a y para resolver dicha intervención con objeto de acudir a otro Psicólogo o profesional. En este último caso, el/la Psicólogo/a podrá negarse a simultanear su intervención con otra diferente realizada por otro profesional".
[Por ninguna razón se restringirá la libertad de abandonar la intervención y acudir a otro psicólogo o profesional; antes bien, se favorecerá al máximo la capacidad de decisión bien informada del cliente. El/la Psicólogo/a puede negarse a simultanear su intervención con otra diferente realizada por otro profesional. (Se deja sin efecto según el criterio de la CNC)].

Artículo 28º
El/la Psicólogo/a no aprovechará la situación de poder que pueda proporcionarle su status para reclamar condiciones especiales de trabajo o remuneraciones superiores a las alcanzables en circunstancias normales.

Artículo 29º
Del mismo modo, no se prestará a situaciones confusas en las que su papel y función sean equívocos o ambiguos.

Artículo 30º
Sin perjuicio del derecho del paciente a la libre elección de psicólogo en los términos ya establecidos, no corresponde al nuevo Psicólogo/a designado valorar las intervenciones iniciadas por otros psicólogos.
[El/la Psicólogo/a no se inmiscuirá en las diversas intervenciones iniciadas por otros psicólogos. (Se deja sin efecto según el criterio de la CNC)].

Artículo 31º
En los casos en que los servicios del psicólogo sean requeridos para asesorar y/o efectuar campañas de publicidad comercial, política y similares, el/la Psicólogo/a colaborará en la salvaguardia de la veracidad de los contenidos y del respeto a las personas.

Artículo 32º
El/la Psicólogo/a debe tener especial cuidado en no crear falsas expectativas que después sea incapaz de satisfacer profesionalmente.

IV. DE LA INVESTIGACIÓN Y DOCENCIA

Artículo 33º
Todo/a Psicólogo/a, en el ejercicio de su profesión, procurará contribuir al progreso de la ciencia y de la profesión psicológica, investigando en su disciplina, ateniéndose a las reglas y exigencias del trabajo científico y comunicando su saber a estudiantes y otros profesionales según los usos científicos y/o a través de la docencia.

Artículo 34º
En la investigación rehusará el/la Psicólogo/a absolutamente la producción en la persona de daños permanentes, irreversibles o innecesarios para la evitación de otros mayores. La participación en cualquier investigación deberá ser autorizada explícitamente por la/s persona/s con la/s que ésta se realiza, o bien por sus padres o tutores en el caso de menores o incapacitados.

Artículo 35º
Cuando la investigación psicológica requiera alguna clase de daños pasajeros y molestias, como choques eléctricos o privación sensorial, el investigador, ante todo, se asegurará de que los sujetos participen en las sesiones experimentales con verdadera libertad, sin constricciones ajenas de tipo alguno, y no los aceptará sino tras informarles puntualmente sobre esos daños y obtener su consiguiente consentimiento. Aún habiendo inicialmente consentido, el sujeto podrá en cualquier momento decidir interrumpir su participación en el experimento.

Artículo 36º

Cuando la investigación requiera del recurso a la decepción o al engaño, el/la Psicólogo/a se asegurará de que éste no va a producir perjuicios duraderos en ninguno de los sujetos, y, en todo caso, revelará a éstos la naturaleza y necesidad experimental de engaño al concluir la sesión o la investigación.

Artículo 37º
La investigación psicológica, ya experimental, ya observacional en situaciones naturales, se hará siempre con respeto a la dignidad de las personas, a sus creencias, su intimidad, su pudor, con especial delicadeza en áreas, como el comportamiento sexual, que la mayoría de los individuos reserva para su privacidad, y también en situaciones -de ancianos, accidentados, enfermos, presos, etc.- que, además de cierta impotencia social entrañan un serio drama humano que es preciso respetar tanto como investigar.

Artículo 38º
La experimentación con animales evitará también, o reducirá al mínimo, los sufrimientos, daños y molestias que no sean imprescindibles y justificables en atención a fines de reconocido valor científico y humano. Las operaciones quirúrgicas sobre animales se efectuarán con anestesia y se adoptarán medidas apropiadas para evitar las posibles complicaciones. El personal directamente implicado en la investigación con animales seguirá en su práctica los procedimientos de alojamiento, manejo experimental y eliminación eutanásica de los animales, que se recogen en la Guía para la conducta ética en el cuidado y utilización de animales editada por el Colegio Oficial de Psicólogos y que se atiene a las normas internacionales.

V. DE LA OBTENCIÓN Y USO DE LA INFORMACIÓN

Artículo 39º
En el ejercicio de su profesión, el/la Psicólogo/a mostrará un respeto escrupuloso del derecho de su cliente a la propia intimidad. Únicamente recabará la información estrictamente necesaria para el desempeño de las tareas para las que ha sido requerido, y siempre con la autorización del cliente.

Artículo 40º
Toda la información que el/la Psicólogo/a recoge en el ejercicio de su profesión, sea en manifestaciones verbales expresas de sus clientes, sea en datos psicotécnicos o en otras observaciones profesionales practicadas, está sujeta a un deber y a un derecho de secreto profesional, del que, sólo podría ser eximido por el consentimiento expreso del cliente. El/la Psicólogo/a velará porque sus eventuales colaboradores se atengan a este secreto profesional.

Artículo 41º
Cuando la evaluación o intervención psicológica se produce a petición del propio sujeto de quien el/la Psicólogo/a obtiene información, ésta sólo puede comunicarse a terceras personas, con expresa autorización previa del interesado y dentro de los límites de esta autorización.

Artículo 42º
Cuando dicha evaluación o intervención ha sido solicitada por otra persona - jueces, profesionales de la enseñanza, padres, empleadores, o cualquier otro solicitante diferente del sujeto evaluado-, éste último o sus padres o tutores tendrán derecho a ser informados del hecho de la evaluación o intervención y del destinatario del Informe Psicológico consiguiente. El sujeto de un Informe Psicológico tiene derecho a conocer el contenido del mismo, siempre que de ello no se derive un grave perjuicio para el sujeto o para el/la Psicólogo/a, y aunque la solicitud de su realización haya sido hecha por otras personas.

Artículo 43º
Los informes psicológicos realizados a petición de instituciones u organizaciones en general, aparte de lo indicado en el artículo anterior, estarán sometidos al mismo deber y derecho general de confidencialidad antes establecido, quedando tanto el/la Psicólogo/a como la correspondiente instancia solicitante obligados a no darles difusión fuera del estricto marco para el que fueron recabados.
Las enumeraciones o listas de sujetos evaluados en los que deban constar los diagnósticos o datos de la evaluación y que se les requieran al Psicólogo por otras instancias, a efectos de planificación, obtención de recursos u otros, deberán realizarse omitiendo el nombre y datos de identificación del sujeto, siempre que no sean estrictamente necesarios.

Artículo 44º
De la información profesionalmente adquirida no debe nunca el/la Psicólogo/a servirse ni en beneficio propio o de terceros, ni en perjuicio del interesado.

Artículo 45º
La exposición oral, impresa, audiovisual u otra, de casos clínicos o ilustrativos con fines didácticos o de comunicación o divulgación científica, debe hacerse de modo que no sea posible la identificación de la persona, grupo o institución de que se trata. En el caso de que el medio usado para tales exposiciones conlleve la posibilidad de identificación del sujeto, será necesario su consentimiento previo explícito.

Artículo 46º
Los registros escritos y electrónicos de datos psicológicos, entrevistas y resultados de pruebas, si son conservados durante cierto tiempo, lo serán bajo la responsabilidad personal del Psicólogo en condiciones de seguridad y secreto que impidan que personas ajenas puedan tener acceso a ellos.

Artículo 47º
Para la presencia, manifiesta o reservada de terceras personas, innecesarias para el acto profesional, tales como alumnos en prácticas o profesionales en formación, se requiere el previo consentimiento del cliente.

Artículo 48º
Los informes psicológicos habrán de ser claros, precisos, rigurosos e inteligibles para su destinatario. Deberán expresar su alcance y limitaciones, el grado de certidumbre que acerca de sus varios contenidos posea el informante, su carácter actual o temporal, las técnicas utilizadas para su elaboración, haciendo constar en todo caso los datos del profesional que lo emite.

Artículo 49º

El fallecimiento del cliente, o su desaparición -en el caso de instituciones públicas o privadas- no libera al Psicólogo de las obligaciones del secreto profesional.

VI. DE LA PUBLICIDAD

Artículo 50º
Los profesionales colegiados habrán de ajustar su conducta en materia de comunicaciones comerciales a lo dispuesto en la Ley.
[Los profesionales colegiados habrán de ajustar su conducta en materia de comunicaciones comerciales a lo dispuesto en la Ley, con la finalidad de salvaguardar la independencia e integridad de la profesión. así como, en su caso, el secreto profesional.]
(Se deja sin efecto según el criterio de la CNC).

Artículo 51º
Sin perjuicio de la responsabilidad penal que pueda suponer, constituye una grave violación de la deontología profesional atribuirse en cualquier medio - anuncios, placas, tarjetas de visita, programas, etc- una titulación que no se posee, así como también utilizar denominaciones y títulos ambiguos, que, aún sin faltar de modo literal a la verdad, pueden fácilmente inducir a error o a confusión, e igualmente favorecer la credulidad del público a propósito de técnicas o procedimientos de dudosa eficacia.

Artículo 52º
Como tal Psicólogo puede tomar parte en campañas de asesoramiento e información a la población con fines culturales, educativos, sanitarios, laborales u otros de reconocido sentido social.

Artículo 53º
El/la Psicólogo/a que utilice seudónimo en su actividad profesional deberá declararlo al Consejo General de Colegios Oficiales de Psicólogos para su correspondiente registro.

VII. DE LOS HONORARIOS Y REMUNERACIÓN

Artículo 54º
Los criterios orientativos en materia de honorarios y remuneración sólo pueden referirse a los supuestos de tasación de costas.

Artículo 55º
En el ejercicio libre de la profesión el/la Psicólogo/a informará previamente al cliente sobre la cuantía de los honorarios por sus actos profesionales.

Artículo 56º
El/la Psicólogo/a, en ningún caso, percibirá remuneración alguna relacionada con la derivación de clientes a otros profesionales. (La J. Gral de 13 de dic de 2014 acuerda suprimir dicho artículo siguiendo las indicaciones de la CNC)].

VIII. GARANTIAS PROCESALES

Artículo 57º
La Comisión Deontológica creada por el Consejo General de Colegios Oficiales de Psicólogos, velará por la interpretación y aplicación de este Código. El Consejo General de Colegios Oficiales de Psicólogos asegurará la difusión de este Código entre todos los profesionales y el conjunto de instituciones sociales. Procurarán asimismo que los principios aquí expuestos sean objeto de estudio por todos los estudiantes de Psicología en las Universidades.

Artículo 58º
Las infracciones de las normas del Código Deontológico en el Ejercicio de la Psicología deberán ser denunciadas ante la Comisión Deontológica. El expediente deberá tramitarse bajo los principios de audiencia, contradicción y reserva, concluyendo con una propuesta de resolución de la Comisión. La Junta de Gobierno, oído al interesado, adoptará la resolución procedente, acordando el sobreseimiento o la imposición de la sanción disciplinaria que estatutariamente corresponda.

Artículo 59º
El Consejo General de Colegios Oficiales de Psicólogos garantiza la defensa de aquellos colegiados que se vean atacados o amenazados por el ejercicio de actos profesionales, legítimamente realizados dentro del marco de derechos y deberes del presente Código, defendiendo en particular el secreto profesional y la dignidad e independencia del Psicólogo.

Artículo 60º
El Consejo General de Colegios Oficiales de Psicólogos tratará de que las normas de este Código Deontológico, que representan un compromiso formal de las instituciones colegiales y de la profesión ante la sociedad española, en la medida en que la sociedad misma las valore como esenciales para el ejercicio de una profesión de alto significado humano y social, pasen a formar parte del ordenamiento jurídico garantizado por los Poderes públicos.

Artículo 61º
Cuando un Psicólogo se vea en el conflicto de normas adversas, incompatibles, ya legales, ya de este Código Deontológico, que entran en colisión para un caso concreto, resolverá en conciencia, informando a las distintas partes interesadas y a la Comisión Deontológica Colegial.

---

(2) **Subcompetencia de tipo** *procedimental:* **habilidades y meta-habilidades (poder investigar)**

· Este tipo de subcompetencia se *entrena*, es de decir se *aprender* por la práctica continuada y reflexiva.

· La adquisición de las subcompetencias de tipo procedimental se refieren tanto a las *habilidades* (técnicas y destrezas...) como a las *meta-habilidades* (conocimiento estratégico, más complejo) para gestión de la investigación. Es importante, ir progresivamente consolidando el conocimiento de múltiples aspectos:

· *Habilidades* diversas, referidas a técnicas básicas de investigación, como tipos de diseños, tipos de análisis estadísticos, programas estadísticos diversos (análisis con R, SPSS, AMOS, Stata), Análisis mediacional y moderador (Hayes, 2012, 2017; Muñoz-Navarro et al., 2021), técnicas emergentes con análisis de big-data e inteligencia artificial (Chen et al., 2024; Yin et al., 2024).

· *Meta-habilidades*, tales como los tipos de investigaciones en el tópico y área; Journals de impacto y publicaciones que realizan; enfoques de los trabajos relevantes; metodologías emergentes en el tópico de trabajo elegido...Este conocimiento te permitirá ir avanzando progresivamente, a la par que las publicaciones y los proyectos internacionales más avanzados...Es más predictivo del éxito, la relevancia y la sostenibilidad de tus investigaciones que las propias habilidades.

(3) Subcompencia de tipo *actitudinal:* actitudes, valores y hábitos (querer investigar)

· Este nivel de subcompetencia se *vive.* Es decir, se experimentan por contagio y experiencia interpersonal. Por ello, este tipo de subcompetencias -desde mi punto de vista- es la más relevante porque requiere vivencias de investigación intensas.

· Las actitudes, valores y hábitos adecuados de investigación dependen tanto de factores internos o personales como externos (motivacionales). La *pasión por la investigación* es un requisito imprescindible (ver cita inicial; Wilson, 2014), respecto a la cual debes evaluar en qué grado la tienes. Analiza, contrasta, pregunta, dialoga otras/os investigadoras/es que hayan dedicado su vida a ello. Sobre todo, rodéate de buenas/os investigadores. Es imprescindible para cultivar tu pasión por la investigación...

También es importante el encontrarle un *sentido vital* a la misma, es decir, *un propósito* para tu vida, que te proporcione bienestar personal y que permita el bienestar de los demás. Uno no investiga para él mismo, investiga para mejorar la sociedad y a las personas, para hacer una contribución a un mundo mejor... No lo olvides.

7.2. Planificar la temporalización en la ejecución de la carrera investigadora (desarrollo investigador)

· Es importante que te pongas plazos aproximados o tiempos para articular tu carrera. Una de las características de la investigación es que necesita de *logros o metas volantes*, para continuar en la carrera investigadora. Como hemos comentado en otras secciones, la autorregulación es una característica esencial del investigador: trabaja con objetivos, metas y logros en el tiempo.

· Por ello, es relevante compatibilizar tales *objetivos de investigación* con otros logros, personales y vitales, teniendo en cuenta los tiempos aproximados de cada logro, tarea y actividad. Debes aprender a *gestionar los espacios y tiempos de cada actividad de investigación*. Es relevante trabajar por objetivos diarios, semanales, mensuales, trimestrales, como aproximaciones, como un referente de tu tarea, para no perderte en el espacio y en el tiempo. El entrenamiento para ello es la realización el Doctorado, pero deberías ir mejorando y perfilando esta organización de forma estratégica. Ver Figura 6.

ESTRUCTURA DE LA CARREA INVESTIGADORA: PDI (I+D+I)

1) Becario colaboración/ PIF... (2 años)
2) Becario PIF /Doctorado....... (4 años)... TESIS
3) Ayudante Doctor................ (5-8 años)
4) Contratado Doctor.............. (5 años)
5) Titular de Universidad ....(5 años)... 15 años
6) **Catedrático de Universidad**...(10 años)... 25 años

Figura 6. Estructura o secuencia de grados en la Carrera Investigadora

· También, deberás aprender los diferentes tipos de *actividad científico-tecnológica*, según el estadio o *momento de desarrollo de la carrera investigadora* en el que te encuentres:

1) En los *primeros momentos de la actividad investigadora,* las actividades más propias serán (*Doctorado y Ayudante-doctor*):

· Estas adscrito a una Cátedra y Titular de Universidad

· Estudio de artículos, modelos, teorías, líneas de investigación a través de publicaciones existentes

· Participación en estudios y experimentos

· Elaboración de informes de investigación

· Comunicaciones de investigaciones en seminarios, congresos, talleres…

· Colaborar en experimentos

· Colaborar en las actividades y Proyectos del grupo de investigación

· Colaboración en edición de Journals

· Colaborar en procesos formativos del Grupo y de los Proyectos

2) En un segundo momento de la actividad investigadora (*Titular de Universidad*)

· Colaborar en la elaboración de Proyectos I+D

· Liderar línea de investigación

· Liderar publicaciones

· Formar a nuevos Doctores

· Coordinar secciones formativas del Grupo de Investigación

· Colaboración en organización de Congresos

· Edición o coedición de Journals

· Ser agente evaluador de Agencias de Investigación

· Llevar a cabo profesos formativos relacionados con el tópico y la línea de investigación

3) En un tercer momento de la actividad investigadora (*Catedrático de Universidad*)

· Liderar el Grupo de Investigación

· Liderar y solicitar Proyectos I+D de promoción del conocimiento y de transferencia

· Dinamizar la Coordinación de Secciones, líneas y tópicos de Proyectos y del Grupo de Investigación

· Establecer contactos internacionales para dinamizar los proyectos

· Favorecer estancias internacionales con otros Grupos e Investigadores de Prestigio.

· Liderar la transferencia de la Investigación (contratos, de transferencia, Spin-Off o EBTs de la Universidad

· Liderar patentes o Registros de la propiedad intelectual

· Liderar y/o dinamizar las publicaciones de impacto

· Ayudar a consolidar líneas de investigación

· Ayudar a atraer talento investigador al GI y a las líneas de investigación

· Ser miembro evaluador de Agencias de Investigación nacionales (AEI) e Internacionales

· Diseñar y coordinar procesos formativos relacionados con los tópicos y Proyectos I+D

· Ver ejemplos de actividades en: www.inetas.net

Como podrás constatar en este listado la carrera investigadora va mucho más allá del Doctorado y de la propia producción investigadora. Y todo ello, sin olvidar el equilibrio ya referido entre docencia-investigación-gestión.

8. <u>DECISIÓN QUINTA</u>. GESTIONAR TU/S LÍNEA/S DE INVESTIGACIÓN (I+D+I)

· Una de las decisiones más importantes de la actividad y de la carrera investigadora está referida a la *gestión de las líneas de investigación*, materializada en las diferentes decisiones de la actividad investigadora (ver Figura 7):

8.1. La actividad y la producción investigadora en uno o varios tópicos de investigación

· Necesitarás tiempo para *descubrir* en *qué problema/s específico/s (tópico/s de investigación) deseas investigar*. Por ello, tú -en primera persona- conjuntamente con el contexto -si es adecuado- debéis decidirlo y éste debe ayudarte a ello. Los intereses y el gusto por temas de investigación no se imponen, sino que se alientan, se promueven y se descubren... de ahí la importancia de los investigadores que te rodean y de tu Grupo de Investigación. Busca un /a buen mentor/a (Martínez-Vicente, de la Fuente y Pichardo, 2024). Personas con pasión por la investigación, que te ayuden a conocer las líneas de investigación o tópicos de investigación relevantes en el área de conocimiento o de los proyectos de investigación de tu grupo. Debes comprender que las posibilidades son casi ilimitadas (ver Figura 7).

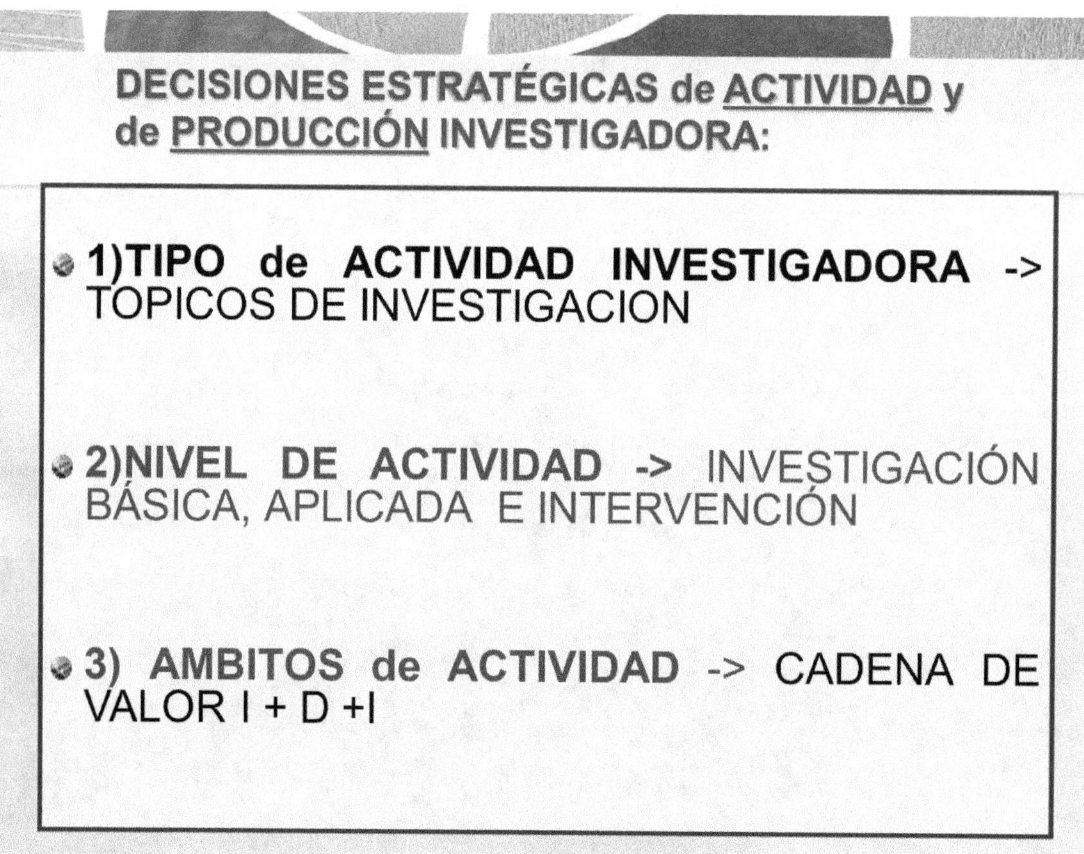

Figura 7. Decisiones estratégicas relativas a la cadena de valor I+D+I

Te propongo algunos ejemplos, de cada tipo de artículo, para mejor comprensión, en el contexto de nuestra línea y tópicos de investigación (www.inetas.net), realizados por nuestro Equipo de Investigación de los Proyectos y los *Grupos de Investigación de la Universidad de Navarra* (https://portalcientifico.unav.edu/grupos/22560/detalle) y *de la Universidad de Almería* (https://www.ual.es/investigacion/investiga/grupos/area/grupo/HUM/HUM746):

1) ***Actividad de investigación centrada en el análisis teórico:*** este tipo de actividad te llevará a conocer las teorías, postulados, modelos o evidencia del modelo o modelos que sustentan un determinado tópico de investigación. Este tipo de línea es más adecuada para investigadoras/es que tienen interés por debates teóricos. Ejemplos:

de la Fuente, J. (2004). Recent perspective in the study of motivation: Goal orientation theory. *Electronic Journal of Research in Educational Psychology, 2*(1), 35-62.

de la Fuente, J., Justicia, F. & García-Berben, A. B. (2005). An interactive model of regulated teaching and self-regulated learning. *International Journal of Learning, 12*(7), 217-224.

de la Fuente, J., & Justicia, F. J. (2007). El Modelo DIDEPRO® de Regulación de la Enseñanza y del Aprendizaje: avances recientes. *Electronic Journal of Research in Educational Psychology, 5*(3), 535-564.

de la Fuente-Arias J (2017) Theory of Self- vs. Externally-Regulated LearningTM: Fundamentals, Evidence, and Applicability. *Front. Psychol. 8:*1675. doi: 10.3389/fpsyg.2017.01675
https://www.frontiersin.org/journals/psychology/articles/10.3389/fpsyg.2017.01675/full

de la Fuente J, González-Torres MC, Aznárez-Sanado M, Martínez-Vicente JM, Peralta-Sánchez FJ and Vera MM (2019). Implications of Unconnected Micro, Molecular, and Molar Level Research in Psychology: The Case of Executive Functions, Self-Regulation, and External Regulation. *Front. Psychol. 10:*1919. doi: 10.3389/fpsyg.2019.01919
https://www.frontiersin.org/journals/psychology/articles/10.3389/fpsyg.2019.01919/full

2) ***Actividad de investigación centrada en el análisis y revisión de la evidencia existente***: este tipo de actividad te permitirá conocer la evidencia previa sobre un tópico dado, tanto, en un formato más fenomenológico como empírico (meta-análisis).

de la Fuente J, Martínez-Vicente JM, Santos FH, Sander P, Fadda S, Karagiannopoulou E, Boruchovitch E and Kauffman DF (2022) Advances on Self-Regulation Models: A New Research Agenda Through the SR vs ER Behavior Theory in Different Psychology Contexts. Front. Psychol. 13:861493.

https://www.frontiersin.org/journals/psychology/articles/10.3389/fpsyg.2022.861493/full

3) ***Actividad de investigación centrada en la creación de modelos empíricos:*** este tipo de investigación empírica pretende validar o testar modelos o pre-modelos de investigación teórica. Ejemplos:

de la Fuente J (2021). A Path Analysis Model of Protection and Risk Factors for University Academic Stress: Analysis and Psychoeducational Implications for the COVID-19 Emergency. *Front. Psychol. 12:*562372.

https://www.frontiersin.org/journals/psychology/articles/10.3389/fpsyg.2021.562372/full

Pachón-Basallo, M., de la Fuente, J., & Gonzáles-Torres, M. C. (2021). Regulation/Non-regulation/Dys-regulation of health behavior, psychological reactance, and health of university undergraduate students. *International Journal of Environmental Research and Public Health, 18*(7), 3793.

https://www.mdpi.com/1660-4601/18/7/3793

8.2. El nivel de investigación básica, aplicada y profesionalizante

· También, es muy relevante, que distingas los diferentes niveles de investigación, en los que te puedes posicionar. En cualquier *tópico de investigación*, puedes situarte en diferentes niveles de actividad investigadora:

1) ***Investigación de carácter básico,*** referida a modelizar relaciones o establecer conocimiento probabilístico dentro del mismo, en el contexto del área de conocimiento. Por ejemplo, la reconceptualización de un tópico dado o de las relaciones explicativas entre construcciones psicológicas, en el dominio de tu área de conocimiento:

de la Fuente, J., & Cardelle-Elawar, M. (2009). Research on action–emotion style and study habits: Effects of individual differences on learning and academic performance of undergraduate students. *Learning and Individual Differences, 19*(4), 567-576. https://doi.org/10.1016/j.lindif.2009.07.009

de la Fuente-Arias J (2017) Theory of Self- vs. Externally-Regulated LearningTM: Fundamentals, Evidence, and Applicability. *Front. Psychol. 8:*1675. https://doi:10.3389/fpsyg.2017.01675

de la Fuente J, Martínez-Vicente JM, Santos FH, Sander P, Fadda S, Karagiannopoulou E, Boruchovitch E and Kauffman DF (2022) Advances on Self-Regulation Models: A New Research Agenda Through the SR vs ER Behavior Theory in Different Psychology Contexts. *Front. Psychol.* *13*:861493. https://doi:10.3389/fpsyg.2022.861493

de la Fuente J and Martínez-Vicente JM (2024) Conceptual Utility Model for the Management of Stress and Psychological Wellbeing, CMMSPW™ in a university environment: theoretical basis, structure and functionality. *Front. Psychol. 14*:1299224. https://doi:10.3389/fpsyg.2023.1299224

2) ***Investigación de carácter aplicado****,* centrada en el diseño *de sistemas de evaluación o de intervención* en el tópico de trabajo en el que trabajes. Cualquier construcción científica debe poder ser evaluada y también dirigida a evaluar los efectos de un programa de intervención dado. Ejemplos:

· **Creación y/o validación de *Instrumentos de evaluación*:**

de la Fuente, J. y Justicia, F. (2003). Escala de Estrategias de Aprendizaje ACRA-Abreviada para alumnos universitarios. *Electronic Journal of Reserach in Educational Psychology, 1*(2), 139-158. https://www.redalyc.org/pdf/2931/293152877008.pdf

de la Fuente, J., Zapata, L., Martínez-Vicente, J. M., Cardelle-Elawar, M., Sander, P., Justicia, F., ... & García-Belén, A. B. (2012). Regulatory teaching and self-regulated learning in college students: confirmatory validation study of the IATLP scales. *Electronic Journal of Research in Education Psychology, 10*(27), 839-866. https://doi.org/10.25115/ejrep.v10i27.1511

Pichardo, C., Justicia, F., de la Fuente, J., Martínez-Vicente, J. M., & Berbén, A. B. (2014). Factor structure of the self-regulation questionnaire (SRQ) at Spanish Universities. *The Spanish Journal of Psychology, 17*, E62. https://doi:10.1017/sjp.2014.63

Garzón-Umerenkova A, de la Fuente Arias J, Martínez-Vicente JM, Zapata Sevillano L, Pichardo MC and García-Berbén AB (2017). Validation of the Spanish Short Self-Regulation Questionnaire (SSSRQ) through Rasch Analysis. *Front. Psychol. 8*:276. https://doi:10.3389/fpsyg.2017.00276

de la Fuente J, Pachón-Basallo M, Martínez-Vicente JM, Peralta-Sánchez FJ, Garzón-Umerenkova A and Sander P (2022). Self- vs. External-Regulation Behavior Scale ™ in different psychological contexts: A validation study. *Front. Psychol. 13*:922633. https://doi:10.3389/fpsyg.2022.922633

de la Fuente, J., Martínez-Vicente, Peralta-Sánchez, F.J., Pachón-Basallo, M. & Garzón-Umerenkova, M. (2024). Experience of Academic Wellbeing Index, EAWI®: Empirical Validation Study. *British Journal of Educational Psychology (in review).*

· Creación de Programas de Intervención y/o evaluación de los efectos de las intervenciones:

Martínez-Vicente, J. M. & de la Fuente, J. (2004). La autorregulación del aprendizaje a través del Programa Pro&Regula. *Electronic Journal of Research in Education Psychology, 2(3), 145-156.* https://doi.org/10.25115/ejrep.v2i3.1144

Sánchez-Roda, M.D. M., de la Fuente,J. & Peralta-Sánchez, F.J.. (2007). Improving the teaching-learning process through psychoeducational advising. *Electronic Journal of Research in Educational Psychology, 5(3), 853-878.,*

de la Fuente, J.; Franco-Justo, C.& Mañas-Mañas, I. (2010). Efectos de un programa de entrenamiento en conciencia plena (mindfulness) en el estado emocional de estudiantes universitarios. *ESE. Estudios sobre educación, 19*, p. 31-52. Universidad de Navarra

· Creación de productos y servicios

de la Fuente, J., & Zapata, L. (2024). *Creación de un Departamento I+ D+ i en el ámbito Psicoeducativo.* Serie: Education & Psychology I+D+I. Amazon: Seatlle (2ª Edición).

8.3. Ámbitos de la Actividad Investigadora, en el contexto de la cadena de valor I+D+I

Otro de los aspectos nucleares en el proceso de toma decisiones, está referido al ámbito de la actividad investigadora en los que deseas desarrollar tu actividad, en el contexto de la *cadena de valor I+D+I.* Tendrás que definir qué aportaciones relevantes podrás hacer en cada uno de los elementos de la misma, en el tópico de investigación en el que estés trabajando. Una visión integrada de la misma está recogida en:

de la Fuente, J., Kauffman, D. F., Diaz-Orueta, U., eds. (2019). *Psychology,Technological Innovation, and Entrepreneurship.* Lausanne: Frontiers Media SA. https://doi:10.3389/978-2-88963-237-4

Esta decisión es muy relevante, de cara a la elección de un tópico de investigación y de una línea sostenible. En la situación actual, uno de los parámetros de evaluación de cualquier investigador es precisamente su capacidad para articular la actividad y producción investigadora en torno a estos tres ejes, en el tópico de investigación, Habitualmente esto se realiza mediante la captación de dinero para ello, mediante la *presentación de Proyectos I+D* (esta competencia merece un capítulo aparte, mediante un manual específico, en la Colección "10 Decisiones estratégicas para"). Ver ejemplos de Producciones en proyectos desarrollados:

1) Investigación o nuevo conocimiento relevante

·Se espera que produzcas, una *investigación relevante, de nivel internacional* y con un carácter innovador, que suponga un *avance significativo del conocimiento,* preferentemente en tu tópico de investigación. Ver ejemplos de Proyectos I+D:

· ***Proyectos I+D****: Proyectos de Promoción del Conocimiento*

de la Fuente, J. (2003-2006). Investigador principal. Proyecto I+D*: Mejora de la Autorregulación del aprendizaje en estudiantes universitarios, a través de las estrategias de enseñanza reguladoras online.* Madrid: Ministerio de Ciencia y Tecnología (MCYT). Ref. BSO2003-06493. 7 investigadores. (20/11/03) 9120€. Evaluación final: SATISFACTORIO

de la Fuente, J. (2007-2010). Investigador principal. Proyecto I+D*: Evaluación de la mejora del proceso de enseñanza-aprendizaje y de las competencias en el Espacio Europeo de Educación Superior.* Madrid: Ministerio de Ciencia e Innovación. Ref. SEJ2007-66843/EDUC. 5 investigadores. 16630,37 €. Evaluación final: muy SATISFACTORIO.

de la Fuente, J. (2012-2015). Investigador principal. Proyecto I+D*: Estrategias motivacionales-afectivas de autorregulación personal y del afrontamiento del estrés, en el proceso de enseñanza-aprendizaje universitario.* Ref. EDU2011-24805. Madrid: Ministerio de Economía y Competividad (MINECO). 10 investigadores. 32.912,00€

de la Fuente, J. (2018-2021). Investigador principal. Proyecto I+D. EFECTO DE LAS EMOCIONES ACADÉMICAS EN EL PROCESO DE ENSEÑANZA-APRENDIZAJE Y LA SALUD DE LOS ESTUDIANTES UNIVERSITARIOS. PGC2018-094672-B-I00. 30.976,00€. Other Funds: Fondos FEDER
https://www.inetas.net/stress/seccion.php?ididioma=2&idseccion=1&idproyecto=1

de la Fuente, J. y Martínez-Vicente (2023-2025). Investigador principal Proyecto I+D. · EFECTO DEL GRADO DE REGULACIÓN (PERSONAL Y CONTEXTUAL) EN LA COMPETENCIA PARA EL

BIENESTAR PSICOLÓGICO, LA SALUD EMOCIONAL Y EL FLOURISHING, EN DIFERENTES CONTEXTOS PSICOLÓGICOS. 45.250,00€, Other Funds: Fondos FEDER

https://www.inetas.net/stress/seccion.php?ididioma=2&idseccion=1&idproyecto=10

·Registros de modelos conceptuales

de la Fuente, J & Martínez-Vicente, JM (2023a). Modelo Conceptual de Utilidad para la Gestión del Estrés y del Bienestar Psicológico (MCGEBP) en diferentes contextos profesionales. RPI nº 00765-01298845. Madrid: Ministerio de Cultura. Sección de RPI.

de la Fuente, J. (2024a). *Índice Combinado de Regulación Comportamental Interna-Externa, ICRCIA*. RPI 00765-01699344. Madrid: Ministerio de Cultura. Sección de RPI.

de la Fuente, J. (2024b). *Índice Experiencia de Bienestar Escolar o Académico, IEBEA*. Madrid: Ministerio de Cultura. RPI ref. 00765-01677113. Madrid: Ministerio de Cultura. Sección de RPI.

2) Desarrollos o innovaciones tecnológicos o sociales

·Se espera que tu investigación lleve consigo la creación de un *nuevo proceso, producto o servicio* que permita ser registrado o patentado y, posteriormente, transferido a la sociedad. Ejemplo:

· Nuevos registros de la propiedad intelectual de herramientas tecnológicas

de la Fuente, J. & Lozano-Díaz, A. (2009). Validación inicial de software para evaluar la autorregulación infantil. *Revista Mexicana de Psicología, 26*(2), 175-183.

de la Fuente, J. (2015). *Utilidad e-Afrontamiento del Estrés Académico y del Bienestar*. Universidad de Almería. RPI. 04/2015/17026

de la Fuente, J. (2022). *Escalas de Auto-vs Hetero-Regulación Comportamental. Castellano. RPI. 765-725037*. Madrid: Ministerio de Cultura. Sección de RPI.

· Publicaciones de nuevas herramientas tecnológicas:

de la Fuente, J., López, M., Zapata, L., Sollinas, G., & Fadda, S. (2015). Improving mental Health trough and online self-assessment and self-help e-Utility in university Students. *Progress in Education, 33*, 63-74. New York: NOVA Corporations.

· *Desarrollo de Nuevos productos y servicios:*

de la Fuente, J. (2007). *Catálogo de Productos de la EBT Education & Psychology I+D+i.* Empresa de Base tecnológica Spin-Off. Universidad de Almería.

EBT Spin-Off Universidad de Almería (2008-2018). Education & Psychology I+D+I
https://education-psychology.com/ebt/new/espanol/index.php

· *Registro de Marca: Education & Psychology I+D+I*

Una marca es un signo distintivo que sirve para distinguir los productos o servicios de una empresa de los de las demás. Un nombre comercial no representa un producto o servicio, sino que sirve para identificar las actividades que desarrolla una empresa en el tráfico mercantil y diferenciarla del resto de empresas del mismo o diferente sector. No deben confundirse con los nombres de dominio o las denominaciones sociales, que cumplen otras funciones y no se registran en la Oficina Española de Patentes y Marcas. Sólo tienes derecho a la marca o nombre comercial si los registras y para ello, deberás presentar una solicitud en la Oficina Española de Patentes y Marcas (Oficina Española de Patentes y Marcas; https://oepm.es/es/)

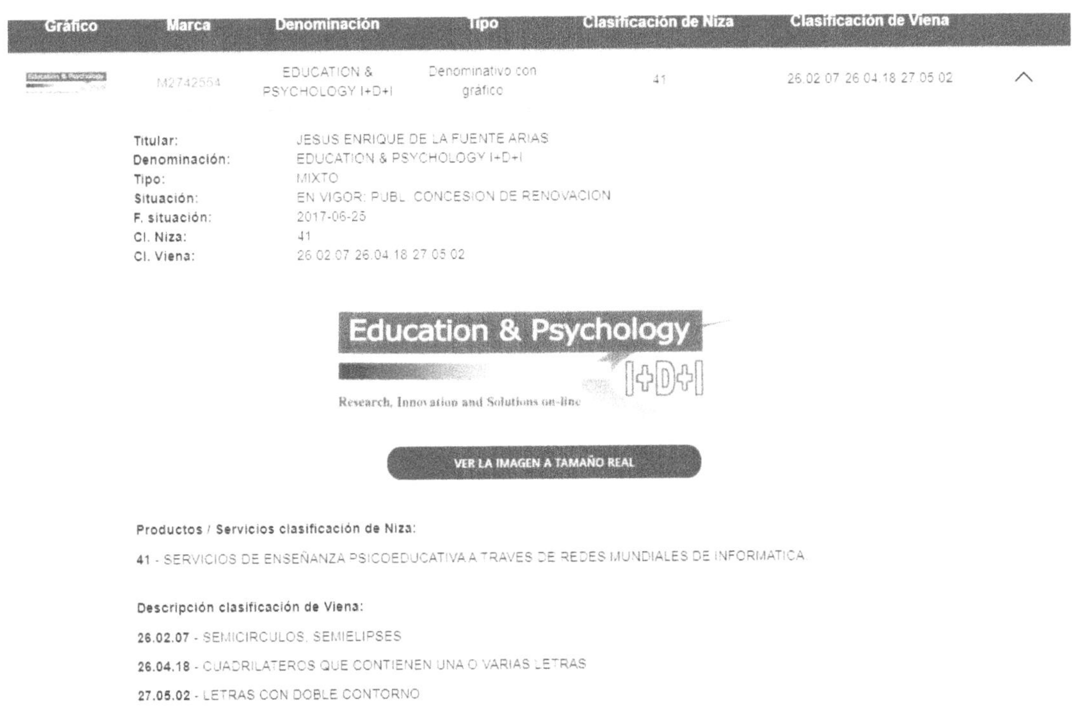

Gráfico	Marca	Denominación	Tipo	Clasificación de Niza	Clasificación de Viena	
Education & Psychology	M2742564	EDUCATION & PSYCHOLOGY I+D+I	Denominativo con gráfico	41	26.02.07 26.04.18 27.05.02	⌃

Titular: JESÚS ENRIQUE DE LA FUENTE ARIAS
Denominación: EDUCATION & PSYCHOLOGY I+D+I
Tipo: MIXTO
Situación: EN VIGOR: PUBL. CONCESIÓN DE RENOVACIÓN
F. situación: 2017-06-25
Cl. Niza: 41
Cl. Viena: 26.02.07 26.04.18 27.05.02

Productos / Servicios clasificación de Niza:
41 - SERVICIOS DE ENSEÑANZA PSICOEDUCATIVA A TRAVES DE REDES MUNDIALES DE INFORMÁTICA

Descripción clasificación de Viena:
26.02.07 - SEMICIRCULOS, SEMIELIPSES
26.04.18 - CUADRILATEROS QUE CONTIENEN UNA O VARIAS LETRAS
27.05.02 - LETRAS CON DOBLE CONTORNO

· *Serie Education & Psychology I+D+I. Amazon Publicaciones*

https://www.amazon.es/dp/B0CDG2B7G6?binding=paperback&qid=1723365696&sr=1-1&ref=dbs_dp_rwt_sb_pc_tpbk

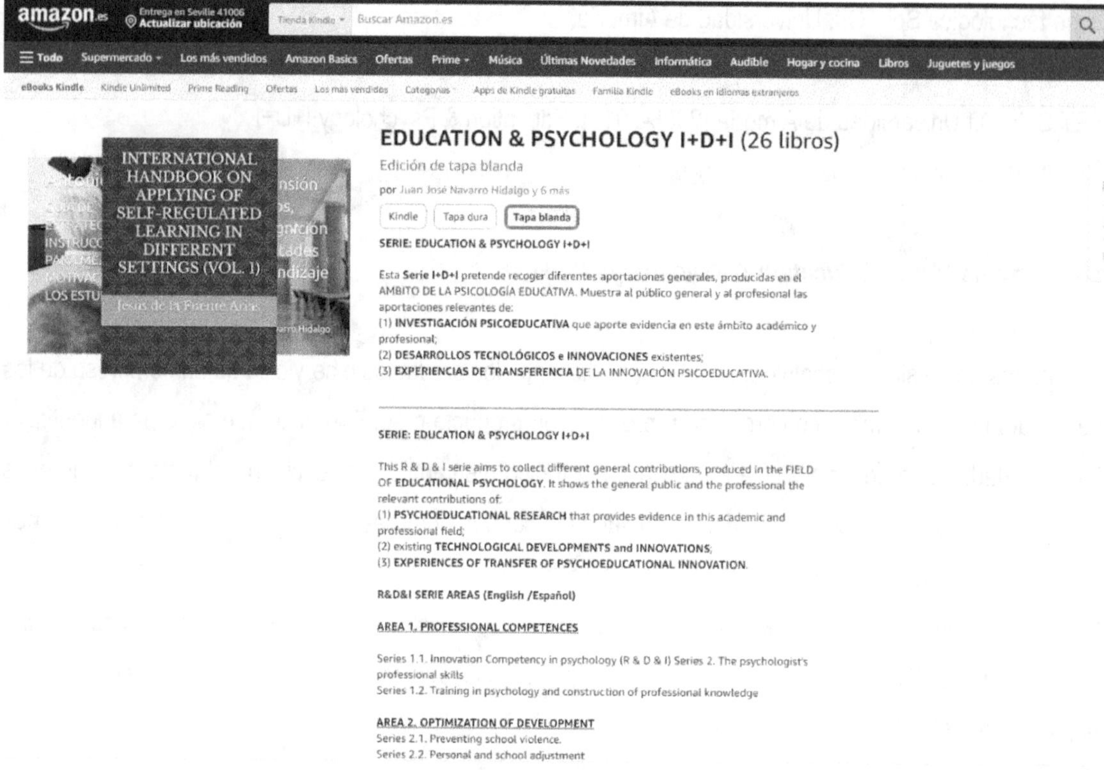

3) Transferencia de la innovación tecnológica y/o social

·En este caso, se espera que lleves a cabo procesos de transferencia, mediante las herramientas que la ley contempla, a tal efecto: proyectos I+D, contratos I+D, prestación de servicios, creación de Start-Up (spinf-off), congresos:

· *Spin-Off Universidad*

de la Fuente, J. (2008). *Education & Psychology I+D+I*. Spin-Off Universidad de Almería.
https://education-psychology.com/ebt/new/espanol/index.php

· *Proyecto I+D de Prueba de Concepto*

de la Fuente, J. (2023-2024). ESTRES, SALUD MENTAL, BIENESTAR PSICOLÓGICO, TICS EN EVALUACION Y MEJORA, UNIVERSIDAD. Project reference: PDC2022-133145-I00. Principal

Investigator: Jesús Enrique de la Fuente Arias. Funding organisation: AGENCIA ESTATAL DE INVESTIGACION

Programme/Call: 2022 AEI Proyectos de I+D+i para la realización de pruebas de concepto

Starting date: 01/12/2022. Ending date: 30/11/2024. Amount awarded: 63.250,00€. Other Funds: Fondos MRR

· *Transferencia de productos al ámbito académico*

de la Fuente, J. y Martínez-Vicente, J.M. (eds). (2024). *La utilidad "e-Afrontamiento del Estrés y del Bienestar Psicológico" como herramienta profesional en línea para la autoevaluación y mejora de la Salud Comportamental*. Vigésima Tercera Conferencia Iberoamericana en Sistemas, Cibernética e Informática: CISCI 2024 (https://www.iiis-2024conf.org/cisci). 10 al 13 de Septiembre de 2024. https://www.iiis2024.org/cisci//Invitedsession/InvitedSessionPre.asp?vc=2

· *Transferencia de productos al ámbito profesional:*

de la Fuente, J. (2016). *Creación de Departamento de I+D+I. COP de Andalucía Oriental*

de la Fuente, J. (2018). *I Congreso Internacional de Psicología, Innovación tecnológica y Emprendimiento.* Almería: Universidad de Almería y COP de Andalucía Oriental.
https://www.cop-cv.org/noticia/11480-i-congreso-internacional-de-psicologia-innovacion-tecnologica-y-emprendimiento-cipi

de la Fuente, J. (2026). *II Congreso Internacional de Psicología, Innovación tecnológica y Emprendimiento.* Madrid: Universidad de Navarra, Consejo general de la Psicología y Conferencia de Decanas/os de Psicología. Madrid: UNAV
https://www.theroom116.com/propuestas/congreso_psico/

de la Fuente, J. (2023). INETAS. e-Afronatmiento del Estrés Académico y del Bienestar Psicológico. En Catálogo de Soluciones en salud AMETIC Compra pública innovadora. Madrid; Noviembre.
https://plataformaevia.es/segunda-edicion-del-catalogo-de-soluciones-esalud/

·*Proyecto de Prueba de Concepto (Transferencia):*

Proyecto: TRANSFERENCIA Y EXPLOTACIÓN DE LA E-UTILIDAD AFRONTAMIENTO DEL ESTRÉS ACADÉMICO Y BIENESTAR PSICOLÓGICO DE LOS ESTUDIANTES (2022):
https://www.inetas.net/stress/seccion.php?ididioma=2&idseccion=1&idproyecto=9

· **_Contrato de Transferencia para desarrollo de Producto_**:

Contrato GUNTI-EOS y UNAV (2024). _Desarrollo de la Escala de Evaluación del Bienestar Educativo, EBE._

> de la Fuente, J. & Martínez-Vicente, JM (2024). _Escala de Evaluación del Bienestar Educativo, EBE._ Madrid: GUNTI-EOS y UNAV.

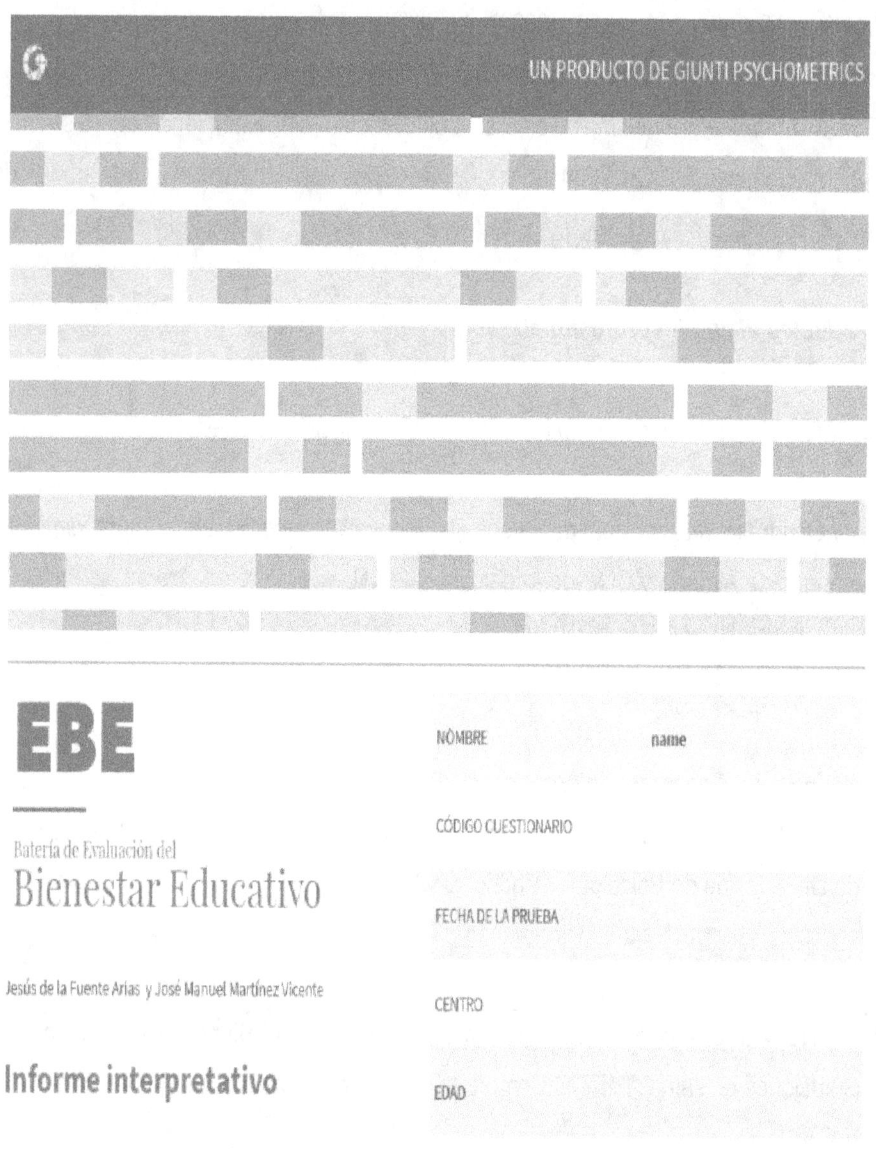

· **_Contrato de Transferencia para uso de producto Tecnológico:_**

Contrato Universidad de los Andes- Universidad de Navarra- de la Fuente; J. (2023). *Contrato para utilización de la Herramienta e-Afrontamiento.* Proyecto de Prueba de Concepto:

https://www.inetas.net/stress/seccion.php?ididioma=2&idseccion=1&idproyecto=9

DISEÑO DE POLÍTICAS Y PLANES DE ACCIÓN PARA EL CUIDADO DE LA SALUD MENTAL ESTUDIANTIL Y PREVENCIÓN DE LA CONDUCTA SUICIDA EN ESTUDIANTES DE PREGRADO EN LA UNIVERSIDAD DE LOS ANDES

https://www.inetas.net/stress/seccion.php?ididioma=2&idseccion=1&idproyecto=11

· **Congresos de Transferencia**

I Congreso Internacional de Psicología, Innovación Tecnológica y Emprendimiento. Almería: Universidad de Almería. Mayo de 2018

https://www.psie.cop.es/uploads/LIBRO%20RESUMENES%20CIPI%202018.pdf

II Congreso Internacional de Psicología, Innovación Tecnológica y Emprendimiento (Madrid, Campus de la UNAV, Junio de 2026):

https://www.theroom116.com/propuestas/congreso_psico/

8. <u>DECISIÓN SEXTA</u>. AUTO-EVALUARSE PERIÓDICAMENTE

8.1. Auto-evaluación periódica de la actividad y de la producción investigadora

· La investigación reciente ha mostrado que la *autoevaluación* es una habilidad que funciona como una estrategia de mejora (meta-habilidad) que optimiza la autorregulación comportamental. Por ello, es esencial realizar la *evaluación periódica de tu actividad investigadora*, en los diferentes momentos de cada período (ver Figura 8):

Figura 8. La importancia de la auto-evaluación en la actividad investigadora.

1) *Antes o al comienzo de un período* **o tarea a realizar**

· Es importante *planificar* el tiempo o la carga de trabajo dedicada a cada tipo de actividad, relativas a las diferentes demandas (docencia / investigación / gestión).

· También diseñar *objetivos específicos* de actividad y producción investigadora

2) *Durante, durante el desarrollo de la investigación, ejecutando el autocontrol*:

· Es necesario tomar decisiones, durante el desarrollo del período temporal

· También, reajustar los objetivos, si es necesario, cambiar la dirección de los mismos

3) **Después, al finalizar un período, para cambiar y aprender de la experiencia**

· Al finalizar un período, autoevaluarse y aprender de la experiencia.

· ·Aplicar al siguiente período los aspectos mejorables y el aprendizaje del anterior., respecto a las dimensiones de la actividad investigadora.

· Un aspecto muy importante de esta evaluación está referido a la evaluación de los *aspectos éticos y deontológicos de la investigación*. Es necesario recordar y recordarse que, *en Ciencia, no vale todo. Es necesaria una postura ética y deontológica correcta: NO DESARROLLAR UNA CIENCIA SIN-CONCIENCIA* (de la Fuente, 2022) y si estamos cometiendo errores, debemos corregirlos (recordar el código deontológico y el acuerdo de Elsinki).

8.2. Auto-evaluación periódica del equilibrio y ponderación entre actividades

Tan importante como lo anterior es la auto-evaluación respecto a la motivación por la investigación y el equilibrio entre actividades docencia-investigación-gestión. Esto te ayudará a tomar decisiones respecto al reparto de tareas y a detectar posibles desequilibrios entre las mismas. También, es importante el evaluar *cómo te sientes en cada una de ellas*, para cambiar y/o ajustar las estrategias, acciones y tareas.

Una ayuda de interés para realizar esta evaluación es la *consulta y actualización* de los repositorios al uso, de cara a poder cuantificar esta actividad y producción, así como a tomar decisiones de reajuste. Los más usuales, a tal efecto, algunos ejemplos, son:

Researchgate:

https://www.researchgate.net/profile/Jesus-Fuente/research

Google scholar:

https://scholar.google.es/citations?user=txl7bZkAAAAJ&hl=es

Orcid:

https://orcid.org/0000-0002-1829-9202

8.3. Auto-evaluación periódica de tu bienestar psicológico

En la actividad de investigación existe un alto nivel de esfuerzo y estrés mantenido. Por ello, es importante la auto-evaluación periódica del *bienestar psicológio*. El modelo reciente de gestión del estrés y del bienestar psicológico MGEBP puede ayudarte a comprender las variables implicadas (de la Fuente y Martínez. Vicente, 2024). Este modelo permite analizar la interacción del investigador x su contexto, y también el nivel de competencia para la gestión del estrés y el nivel del bienestar psicológico (www.inteas.net) (Ver Tabla 4.)

Tabla 4.

MODELO CONCEPTUAL GENERAL PARA COMPETENCIA PARA LA GESTIÓN DEL ESTRÉS ACADÉMICO Y DEL BIENESTAR PSICOLÓGICO (de la Fuente y Martínez-Vicente, 20122; RPI. nº 00765-01162097)

V. PRESAGIO →	**V. PROCESO (mediadoras)** →	**V. PRODUCTO**
PERSONALES	**PERSONALES**	**PERSONALES**
INDIVIDUALES RENDIMIENTO	**COMPETENCIA PARA GESTIÓN ESTRES Y BIENESTAR**	**BIENESTAR Y**
· Genero /Edad		
· Big Five [31]	Nivel conceptual	Bienestar Psicológico
· Afecto +/- [33]		
· SR Short[4], L/C plazo[65], Self-Control[66]		
· **SR-NR-DR:**	· Enfoque de estudio [1]	· Bienestar Psicológico [54]
EDUCAT [49] (EIPEA [9], ETLQ [59])	· Estilos de aprendizaje (ILS)[53]	· Salud [46]
CLINICA [48]	· Fortalezas psicológicas[47]	· Prosperidad [45]
SALUD [50]		
ORGAN [67]		
TIC [55]	Nivel procedimental	Estrés psicológico
	· Habilidades exposición oral[18]	· Respuestas de Estrés y Ansiedad [36]
	· Habilidades de examen escrito[25]	
	· H. Meta-cognitivas: Estrategias estudio y apuntes[16, 19]	
	· H. Meta-comportamentales: SR-short[4], Self-control[66]	
	· H. Meta-afectivas: Coping[7, 34]	
	· H. Meta-motivacionales: engagement-burnout[10,] compromiso[39,38,37]	
	· H. Meta-motivacionales estudio[22]	
	· Dificultades de Regulación emocional (DERS-16)[57]	
	· Fatiga autorregulatoria[63], EF[60]	Rendimiento académico
	· Procrastinación[44]	· C, P, A (castellano)[11]
		· C, P, A (inglés)[12]
	Nivel actitudinal	
	· Adaptabilidad[62, 64]	
	· Positividad[32], Resiliencia[3]	
	· Fortalezas psicológicas[47], Espiritualidad[61], Autocompasión[70]	
	· Emociones de logro[41,42,43], Ansiedad test[8], Confianza académica[6]	
	· Reactancia Psicológica[56]	
	· Reactividad emocional [52]	
	· Perfeccionismo[51]	
	· Acción-emoción[5], Impulsividad[68]	
CONTEXTUALES	**CONTEXTUALES**	
· **ER-ENR-ER:**		
EDUCAT [49,] APOYO FAM [58]	ETLQ [59], EIPEA [9]	
CLINICA [48]	ESTRÉS ACAD ENS.[35]	
SALUD [50]		
ORGAN [67]		
TIC [55]		

También, puede utilizar herramientas para autoevaluarte, a través de la herramienta *e-afrontamiento del estrés y del bienestar* psicológico (de la Fuente et al., 2015) y, finalmente, puedes pedir ayuda en caso necesario (ver Figura 8).

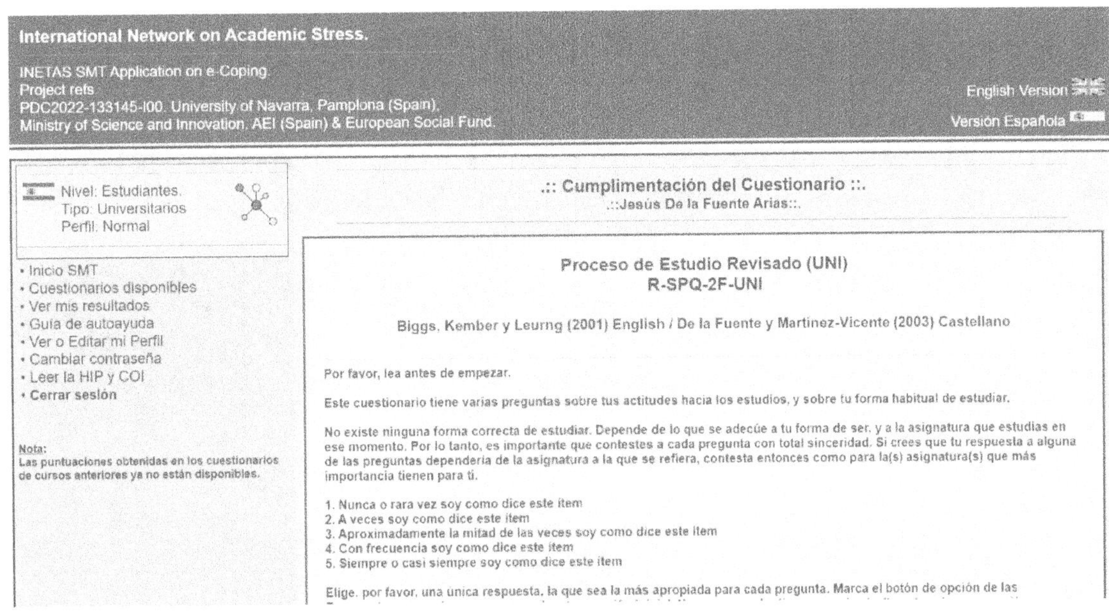

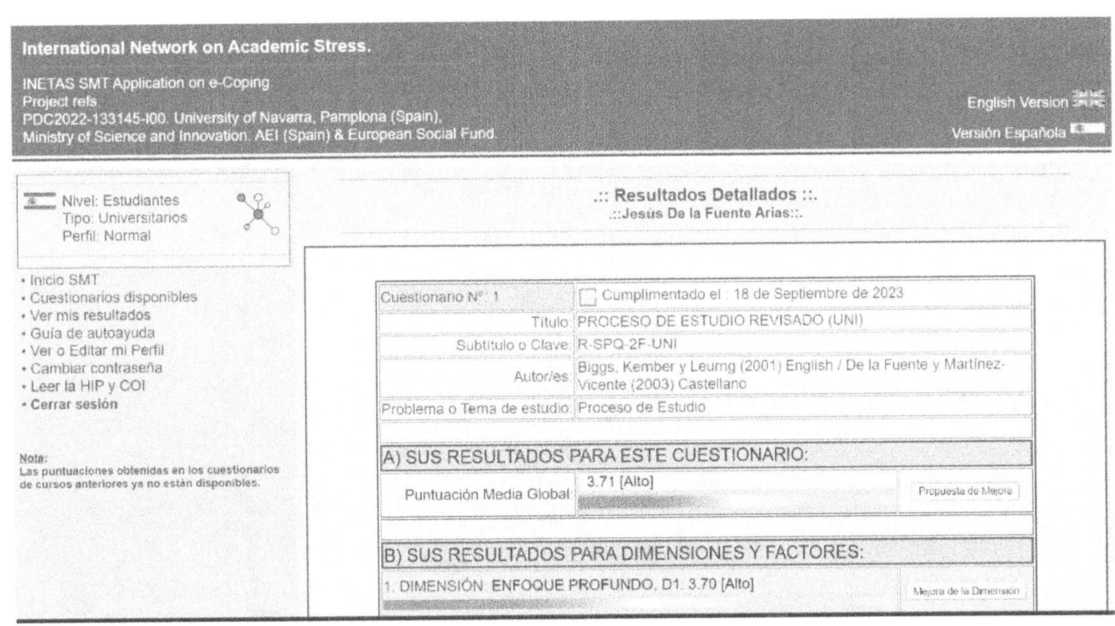

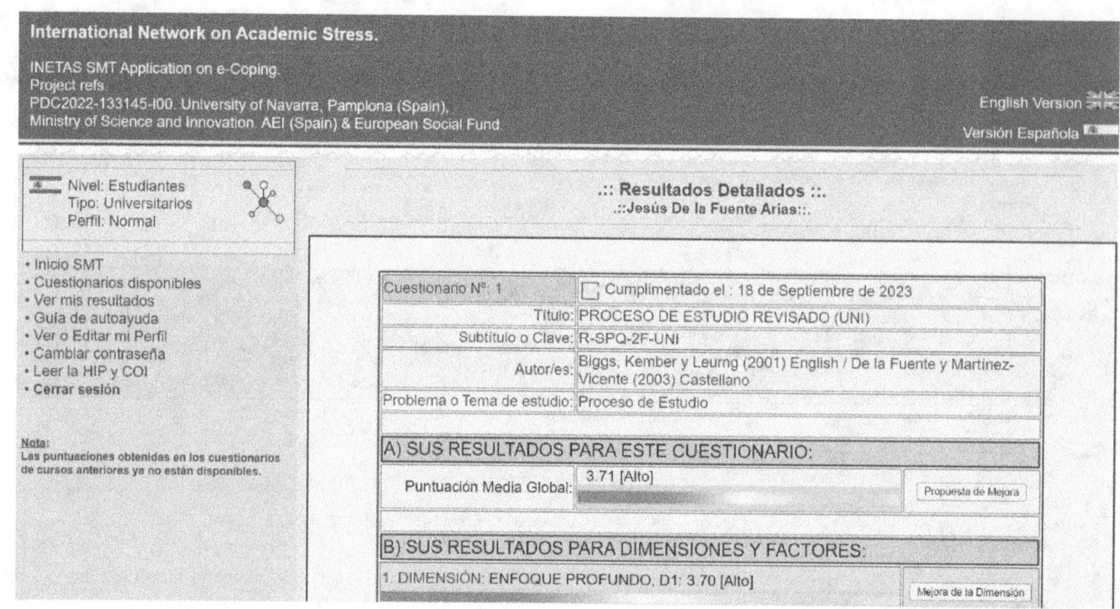

Figura 8. Ejemplo de pantallas de la herramienta de la Utilidad e-Afrontamiento del estrés y bienestar académico

9. <u>DECISIÓN SÉPTIMA</u>. IMPORTANCIA DEL CONTEXTO ACTUAL DEL INVESTIGADOR Y DE LA INVESTIGACIÓN

Como ya comenté en el capítulo segundo, el investigador debe tener presente el *contexto de la investigación*, porque debe interaccionar con él. En este apartado se comentan aspectos no abordados con suficiente previsión en anteriores secciones (Ver Figura 9):

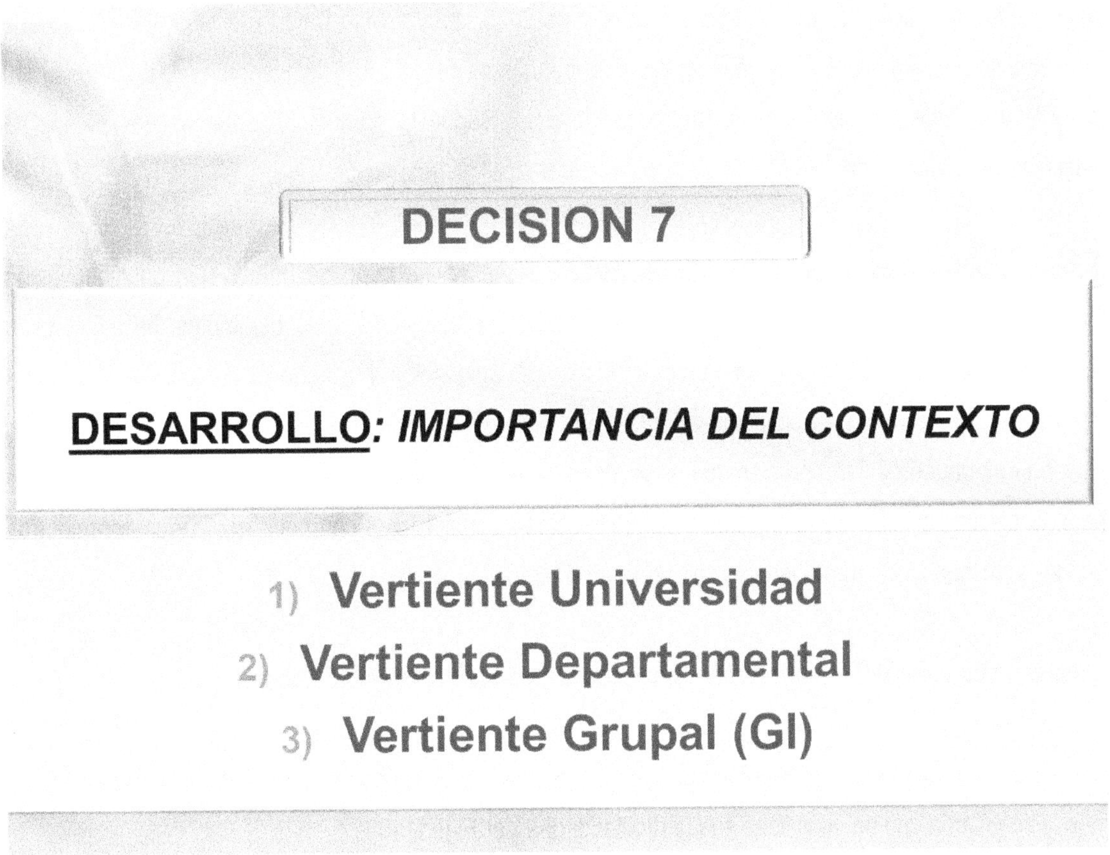

Figura 9. Vertientes del contexto I+D+I de la investigación

9.1. El contexto I+D+I de las decisiones estratégicas actuales de un investigador en la actualidad

La importancia de la Investigación, Desarrollo e innovación (cadena de valor I+D+I)

La innovación y el cambio tecnológico son, sin duda, fundamentales para el desarrollo de un país. Durante los últimos 200 años, la innovación, los avances técnicos y la inversión en bienes de capital que incorporan nuevas tecnologías han transformado las economías de todo el mundo. De hecho, cuanto más innova un país, más aumenta su competitividad y más atractivo es para inversores extranjeros, lo que a su vez contribuye a mejorar la calidad de vida de la población y al enriquecimiento del país.

Las políticas económicas, fiscales y comerciales afectan a la innovación y al crecimiento económico a largo plazo y de muchas formas posibles. En un entorno macroeconómico estable, con finanzas públicas saneadas y mercados financieros, laborales y de productos que funcionan bien, apoyan a la innovación, al espíritu empresarial y al crecimiento. Las políticas dirigidas a objetivos como la protección de los derechos de propiedad intelectual y la promoción de la investigación y el desarrollo, o I+D, promueven la innovación y el cambio tecnológico de forma directa.

Según los datos recogidos por la edición Eurostat de 2020, dentro de la Unión Europea, España estaba en el puesto número 14 de 27 en innovación. Este estudio se centra en 27 indicadores -clasificados en 10 grupos- que miden el nivel de innovación de un país: Según la puntuación obtenida, los países se clasifican en "Líderes", "Fuertes", "Moderados" y "Modestos" en innovación.

Aunque subimos 5 puestos desde el 2019, España sigue en el grupo de países con una innovación "Moderada". Portugal, sin embargo, pasando por situaciones similares a las españolas, ha conseguido subir de categoría en el ranking como un país "Fuerte" en innovación. Permanecer a la cola de Europa en innovación sólo agravará la situación de crisis que vivimos. Actualmente, el sistema de innovación en España es pequeño y tiene problemas que impiden una evolución adecuada de la innovación en nuestro país. El sistema público de innovación tiene suficientes investigadores con poco equipamiento, mientras que los investigadores empresariales son pocos con buen equipamiento.

La cadena de valor I+D+I como escenario o contexto de la investigación actual

Las iniciales o acrónimo I+D+i corresponde a la suma de 3 conceptos: Investigación, Desarrollo e innovación. Cada uno de ellos tiene sus particularidades Ver Figura 10:

Tipo de actividad en la Cadena de valor I+D+i

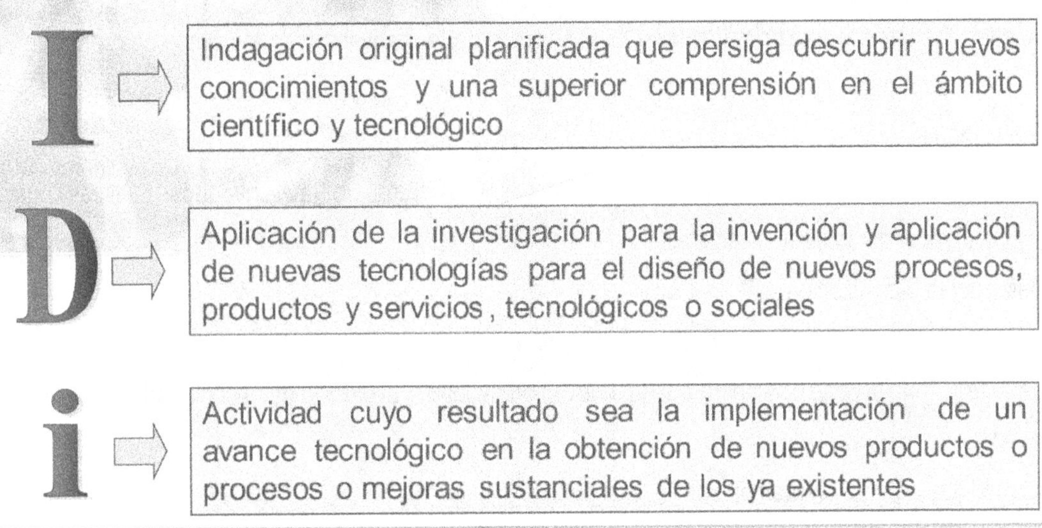

Figura 10. Actividades propias de la cadena de valor I+D+I

1) *Investigación*: el objetivo de la investigación es ampliar el conocimiento científico, tenga o no una aplicación práctica, por ejemplo, en productos o servicios.

2) *Desarrollo de la innovación*: el desarrollo apela a un sentido económico: una evolución económica que dé lugar a mejores niveles de vida. Crear algo nuevo, o mejorar lo que ya existe para hacerlo mejor, por ejemplo, más eficiente. Puede ser tecnológica o social.

3) *Transferencia de la Innovación*: consiste en la transferencia de la innovación para aplicarlo en un entorno empresaria u organizativo, externo a la universidad,

Trabajar en este contexto actual significa asumir y comprender que la actividad investigadora de integrar esta *cadena de valor I+D+I* (de la Fuente, Kauffman, Diaz-Orueta, 2019; Martínez-Vicente et al., 2019). Desde la *Confederación Española de Organizaciones Empresariales (CEOE)* proponen 10 medidas para impulsar la innovación española:

·Un acuerdo de Estado por la I+D+i: que la innovación sea un eje de las políticas del Gobierno.
·Simplificación y Coordinación legislativa y administrativa: facilitar el acceso a ayudas simplificando los formatos de solicitud.

·Apoyo a la transferencia tecnológica: que el conocimiento de las Universidades y Centros Públicos de Investigación llegue al tejido productivo para que sea aprovechable por todos.

·Mejorar la financiación de la I+D+i: mejorando los incentivos a la innovación.

·Formar y retener el talento: garantizar un suministro suficiente de personas con habilidades científicas e ingenieriles es importante para promover la innovación. Por ello, es estrictamente necesario adaptar los planes de estudio de universidades y formación profesional a las necesidades reales de las empresas.

·Propiedad Industrial e Intelectual: facilitar la protección de la innovación en las empresas, otorgando a los desarrolladores de nuevas ideas reclamos sólidos y duraderos sobre los beneficios económicos de sus descubrimientos.

·Fomentar la Compra Pública Innovadora: mecanismo por el que las entidades públicas buscan soluciones innovadoras a retos actuales.

·Apostar por la digitalización.

·Fomentar la cultura innovadora dentro de las empresas.

· Fomentar la innovación social: para que la innovación mejore la evolución de la sociedad.

Otras medidas a poner en marcha son:

·Necesidad de seguir el ritmo de los avances tecnológicos en otros países: las empresas que se aplican y utilizan nuevos avances tecnológicos obtienen en general mejores rendimientos porque, saben cómo emplear todos sus recursos.

·La importancia de la ubicación de centros de innovación y la actividad de I+D+i: aumentar las capacidades de una industria estratégica beneficia a un país financiera y laboralmente. Normalmente las empresas de alta tecnología se ubican cerca de universidades líderes, por lo tanto instalar centros científicos o tecnológicos de vanguardia en determinadas ubicaciones crea efectos secundarios que promueven la innovación, la calidad, la adquisición de habilidades y la productividad en industrias cercanas.

· Fomentar la experimentación y una mayor diversidad de enfoques y, al mismo tiempo, garantizar que exista un proceso de revisión por pares eficaz para orientar la financiación hacia una ciencia de alta calidad: apoyar múltiples enfoques a un problema dado al mismo tiempo aumenta las posibilidades de encontrar una solución, lo que también aumenta las oportunidades de cooperación o competencia constructiva.

· Impulsar el conocimiento de los empleados en los campos STEM: con el propósito de incrementar la oferta nacional de investigadores a largo plazo, es importante invertir en aquellos programas que permitan a los trabajadores adquirir e incrementar sus competencias y conocimientos en campos relacionados con la ciencia, la tecnología, la ingeniería y las matemáticas.

· Atraer el talento internacional: los científicos y otros profesionales altamente capacitados que se trasladan a otros países tienden a mejorar la productividad y las oportunidades de empleo de los que ya están en ese país, lo que refleja las ganancias de la interacción y la cooperación, y del desarrollo de masas críticas de investigadores en áreas técnicas.

·Promover la distribución de información científica y técnica: para que genere más valor. La información científica y técnica requiere un entorno en el que los usuarios puedan obtener la información necesaria y suficiente cuándo y dónde sea necesaria, de la forma más accesible y a coste razonable. Además de los esfuerzos individuales de las instituciones relacionadas, este objetivo también requiere asociaciones y cooperación entre el gobierno, el sector privado y el mundo académico.

· Fomentar el surgimiento de nuevos negocios y aumentar la disponibilidad de préstamos y ayudas para las pequeñas y medianas empresas: la evidencia existente sugiere que la apertura del comercio puede impulsar la innovación al aumentar la competencia, permitiendo que las nuevas ideas se difundan más rápidamente y dividiendo el costo de la innovación en un mercado más grande.

9.2. La I+D+I en las empresas y en la Universidad

Para potenciar el que las empresas públicas y privadas realicen proyectos de I+D+i en España, existen diferentes herramientas e incentivos, cómo las Bonificaciones por Personal Investigador, las Deducciones Fiscales sobre el Impuesto de Sociedades, o las Ayudas y Subvenciones. Estas herramientas permiten a una compañía recuperar parte del gasto que ha realizado en actividades de I+D+i, o bien, obtener financiación para llevar a cabo nuevos proyectos que tenga en cartera. Es decir, el objetivo es incentivar y ayudar económicamente a las empresas para que dediquen recursos a desarrollar actividades de I+D+i en nuestro país.

Sin embargo, muchas compañías no aprovechan estos incentivos porque, simplemente, desconocen que las actividades que ya realizan pueden ser consideradas como I+D+i. Algunos ejemplos de actividades son:

·1) Desarrollo de nuevos productos y/o mejoras sobre los ya existentes, como por ejemplo:
· Investigación y desarrollo de nuevo material con propiedades similares a las del plástico.
· Reformulación de la composición de un producto para lograr mantener sus bondades, disminuyendo la presencia de agentes nocivos para el medio ambiente.

· Diseño, desarrollo y ejecución de pruebas de un nuevo sistema piloto de aerogenerador offshore.

· Desarrollo de nuevas formulaciones de piensos para la alimentación del ganado.

2) *Mejoras significativas sobre los procesos productivos, como por ejemplo:*

· Nueva tipología de proceso constructivo de cimentación, para incrementar la resistencia de un terreno, reduciendo los tiempos operativos.

· Nueva línea productiva para mejorar el rendimiento obtenido por la misma sobre la producción de un producto.

· Incorporación de nuevas tecnologías -ya existentes- que supongan una novedad subjetiva para tu empresa, como por ejemplo:

· Sistema -ad hoc- para mitigar gaps temporales sobre la cadena de valor de una compañía.

· Plataforma software para la asignación inteligente de recursos.

· Nuevo sistema de comunicaciones basado en tecnología bluetooth para monitorización de enfermos.

3) *Otros ejemplos también considerados por la agencia tributaria son:*

· La materialización de los nuevos productos o procesos en un plano, esquema o diseño, así como la creación de un primer prototipo no comercializable y los proyectos de demostración inicial o proyectos piloto, siempre que éstos no puedan convertirse o utilizarse para aplicaciones industriales o para su explotación comercial.

· Diseño y desarrollo de muestrario (juguetes, textil, muebles, marroquinería...) para el lanzamiento de nuevos productos.

· La creación, combinación y configuración de software avanzado, mediante nuevos teoremas y algoritmos o sistemas operativos, lenguajes, interfaces y aplicaciones destinados a la elaboración de productos, procesos o servicios nuevos o mejorados sustancialmente.

· Ver algunos ejemplos de *spin-off* procedentes de algunas universidades (esta problemática se abordará en un Manual específico, de esta colección):

https://cima.cun.es/innovacion/emprendimiento

https://www.ual.es/investigacion/investiga/spin-offs

https://spinoff.ugr.es/

https://www.ucm.es/otrien/technology-spin-offs

https://www.uam.es/uam/innovacion/empresas-basadas-conocimiento

https://www.uv.es/instituto-biologia-integrativa-sistemas-i2sysbio/es/conocenos/servicios-transferencia/spin-offs.html

10. <u>DECISIÓN OCTAVA</u>. FLEXIBILIDAD Y AJUSTE AL CONTEXTO PROFESIONAL

10.1. Adaptabilidad al contexto profesional

Otra decisión importante está referida a cómo afrontar los cambios en el contexto profesional y sus demandas. A veces se producen ofertas y necesidad de dar respuesta a las demandas del contexto. Es importante mostrar flexibilidad para integrar tus objetivos con los de la organización (universidad, departamento, grupo de investigación…). Un buen consejo del profesor Justicia era: *"Saber decir que sí y saber decir que no".* Ver Figura 11.

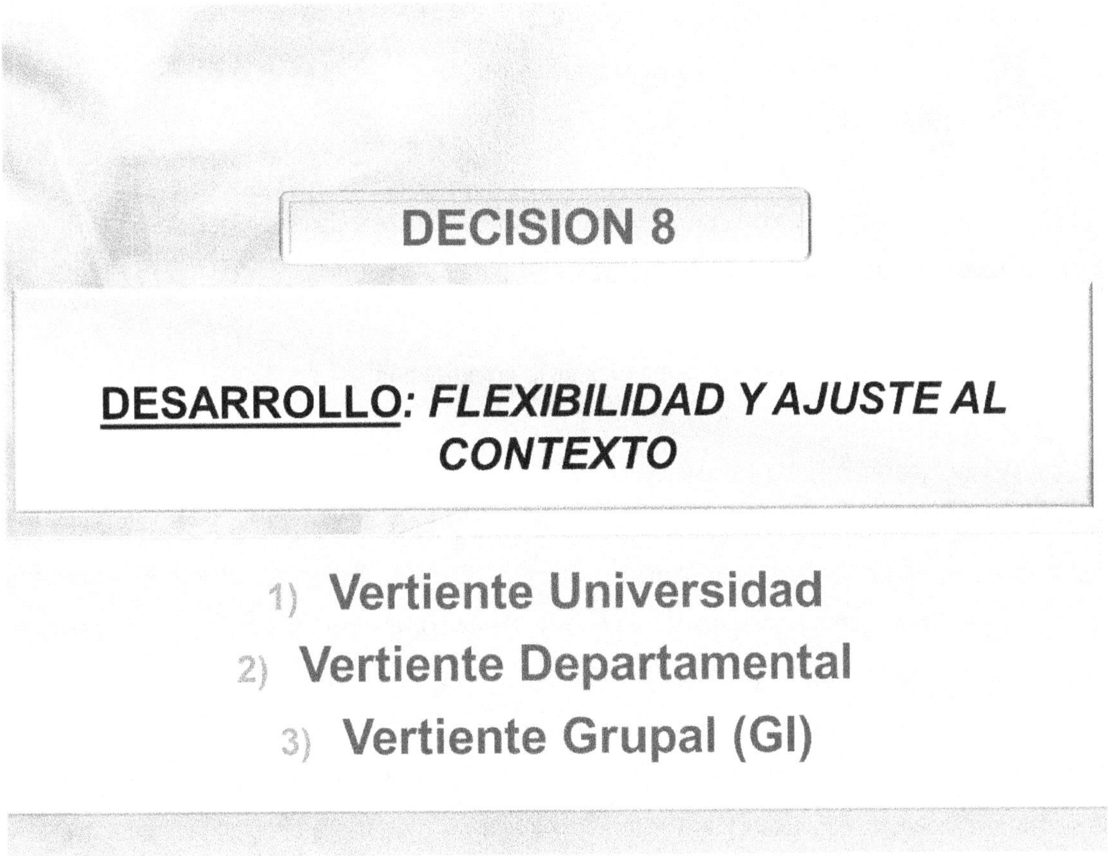

Figura 11. Niveles de flexibilidad contextual

La *adaptabilidad psicológica* es una característica comportamental personal que ayuda mucho en la tarea académica e investigadora. Precisamente, refleja tu flexibilidad y ajuste al contexto. Como he comentado en otros apartados de este manuscrito, la organización en la que estás tiene vida propia. Eso significa que debes aprender a conjugar "tus objetivos de tu actividad y carrera investigadora" con las demandas de la organización. A veces te propondrán o pedirán que asumas cargos de responsabilidad en la misma. Mientras sea posible intenta que estos no te desvíen de tu camino y objetivos de investigación.

Las demandas pueden llegar desde diferentes niveles de las Organizaciones:

1) *Organizaciones académicas o profesionales*: en este caso puede solicitarte realizar tareas de gestión o de organizaciones de actividades científicas (congresos, direcciones de las mismas…). En muchos casos estas actividades pueden aportarte un valor añadido de experiencia, conocimiento de colegas o, sencillamente, una experiencia de ayuda altruista a investigadores niveles que comienzan.

2) *Universidad o Facultad*: Puestos específicos de gestión docente o dinamización de actividades de la Facultad. También es una experiencia de interés, desde la cual puedes contribuir a la mejora de los procesos y productos de investigación, e incluso a la mejor producción de I+D+I.

3) *Departamento:* en este caso, las demandas suelen ser más específicas en Juntas o Coordinación sectorial de departamentos.

4) *Grupo de Investigación*. Tu propio grupo puede solicitarte ayuda para que los puestos de coordinación investigadora sean rotatorios.

10.2. Dar respuestas ajustadas a las demandas de la organización

Mis *consejos y experiencia* son los siguientes:

1) Es necesario tener compromiso con la organización, pero deben ponderar detenidamente el momento y necesidades de tu carrea investigadora. No te dejes llevar por el "flow" de los puestos de gestión y mando; analiza si están en línea con tus objetivos personales y profesionales.

2) Siempre que sea posible, elige colaborar en puestos cercanos -directa o indirectamente- con la actividad investigadora. Así, estarás más motivada/o y a la par ayudarás a otros con tu conocimiento y especialización.

3) Mantén siempre una "*agenda personal de investigación*", es decir un problema que te apasiona, te ocupa y te preocupa, ya sea un tópico, una definición no resuelta, una construcción o modelo por desarrollar o testar, un desarrollo tecnológico por crear…

4) Integra todo lo que leas, en esa agenda, creando tu propia biblioteca de artículos y recursos, en el dominio de tu especialidad. Esto hará mucho más rápida tu elaboración y producción científica, amén d mantenerte al tanto de los problemas y publicaciones recientes. No cometas el error de desconectar. Mantén un tiempo dedicado a tu tarea investigadora, aunque tengas un cargo de gestión.

5) Mantente apuntado a correos y recepción de artículos (Google Schoolar, o Academia, por ejemplo), que semanalmente te envíen artículos y trabajos sobre tu tema de interés. Esto te mantendrá conectado y al día.

6) Sigue de cerca a los Grupos de Investigación o personas que trabajan y publican en temas cercanos a los tuyos, tanto a nivel académico como profesional.

7) Flexibiliza tus objetivos y adáptalos en tiempo y forma, a tus posibilidades actuales. De los contrario la frustración y la ansiedad permanente están servidas.

8) Aprende a decir NO cuando veas que las propuestas te desbordan. Tu salud psicológica es más importante.

Una de las características personales, como investigador/a, que más necesitarás para desarrollar tu actividad y carrera investigadora es la *resiliencia.* La actividad investigadora y académica es una carrera apasionante, pero *dura*, porque en ella aparecen numerosos problemas, momentos difíciles, frustraciones… -podría escribir otro manual contándolas-, al igual que en el viaje de la vida. No siempre puede uno conseguir las cosas cuando quiere, ni las personas con las que trabajas se portan siempre honesta y adecuadamente, especialmente, si el entono es competitivo, ni el grupo de investigación en el que pretendes estar te acepta, ni todo el mundo con el que trabajar es serio y responsable, por igual…Por eso, necesitarás *resiliencia investigadora,* para aguantar y no desfondarte en este viaje. Ver Figura 12.

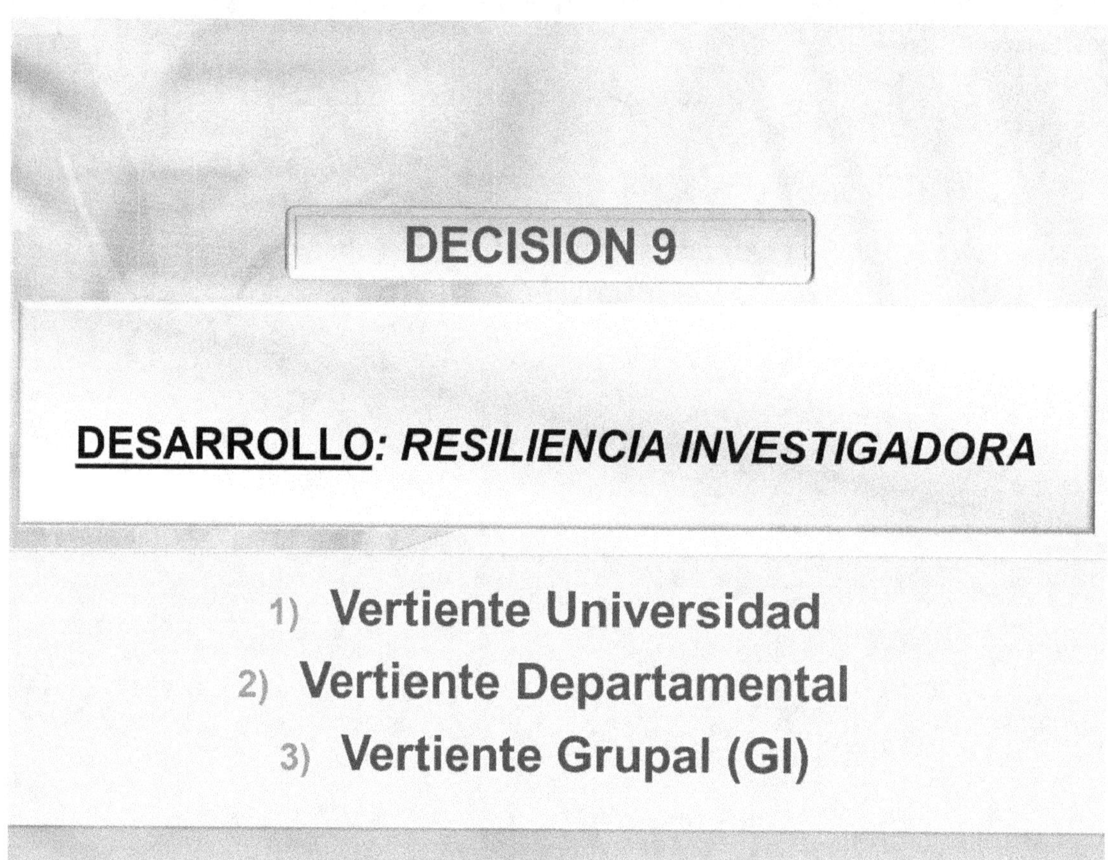

Figura 12. Vertientes de la aplicación de la resiliencia

La *resiliencia* es una característica psicológica personal, de tipo actitudinal, que te protegerá con respecto a las frustraciones, errores, fracasos y momentos difíciles del camino. La investigación reciente ha aportado dos tipos de componentes de la misma: (1) *resiliencia reactiva,* referida al comportamiento espiritual, o que le da sentido al sufrimiento de la vida, es decir, prepararse y aguantar los golpes; (2) *resiliencia proactiva*, referida a la percepción de competencia, la toma de decisiones y la autorregulación, o lo que es lo mismo, a dar respuesta y reponerse a los golpes o avatares de la investigación (de la Fuente, et al., 2021).

Tendrás que trabajar estos componentes personales, para desarrollarlos, sabiendo que la resiliencia -como vacuna psicológica-, sólo la desarrollarás ante la exposición a situaciones de sufrimiento o frustración, en las que debas sobreponerte. De esto hay mucho en la actividad y carrera investigadora… Sugiero que consultes algunas frases de Ramón y Cajal, sobre su dedicación a la Ciencia en España, especialmente, en un país EN EL que, tradicionalmente, no ha dado importancia a la actividad científico-tecnológica: https://psicologiaymente.com/reflexiones/frases-santiago-ramon-y-cajal: «O se tienen muchas ideas y pocos amigos o muchos amigos y pocas ideas»… «Al carro de la cultura española le falta la rueda de la ciencia»…«¿No tienes enemigos? ¿Es que jamás dijiste la verdad o jamás amaste la justicia?»…«A nadie cuesta más que a aquel que mucho desea»…

También te sugiero que trabajes tus *estrategias de afrontamiento,* muy asociadas al tipo y perfil resiliente de los investigadores, así como al estado de burnout en la investigación (de la Fuente et al. 2021). Afrontar inadecuadamente las situaciones de fracaso o frustración investigadora te puede costar algunos problemas añadidos de *salud mental y/ o psicológica,* un factor de riesgo de muestra carrera investigadora que no hay que olvidar, especialmente, en las primeras etapas Doctorales y como investigador en la Universidad (de la Fuente et al., 2021).

De hecho, muchos de los factores comentados a lo largo de este manual, pueden ser *factores de protección* (si están bien diseñados), pero también *factores de riesgo* (si están mal diseñados), que probabilizan episodios subsiguientes de *estrés* durante tu actividad y carrera investigadora. A tal fin, te sugiero realizar una *evaluación* al respecto (ver Anexo 2). También, recordar los resultados del Índice Combinado de Regulación Comportamental Interna-Externa, aplicado a la investigación.

Es esencial que disfrutes y que la actividad tenga sentido vital (propósito) para ti. De lo contrario, verás que decae en el tiempo. Por ello, es importante, autoevaluarse respecto al *disfrute y a la pasión que las actividades que realizas te producen.* Ver Figura 13.

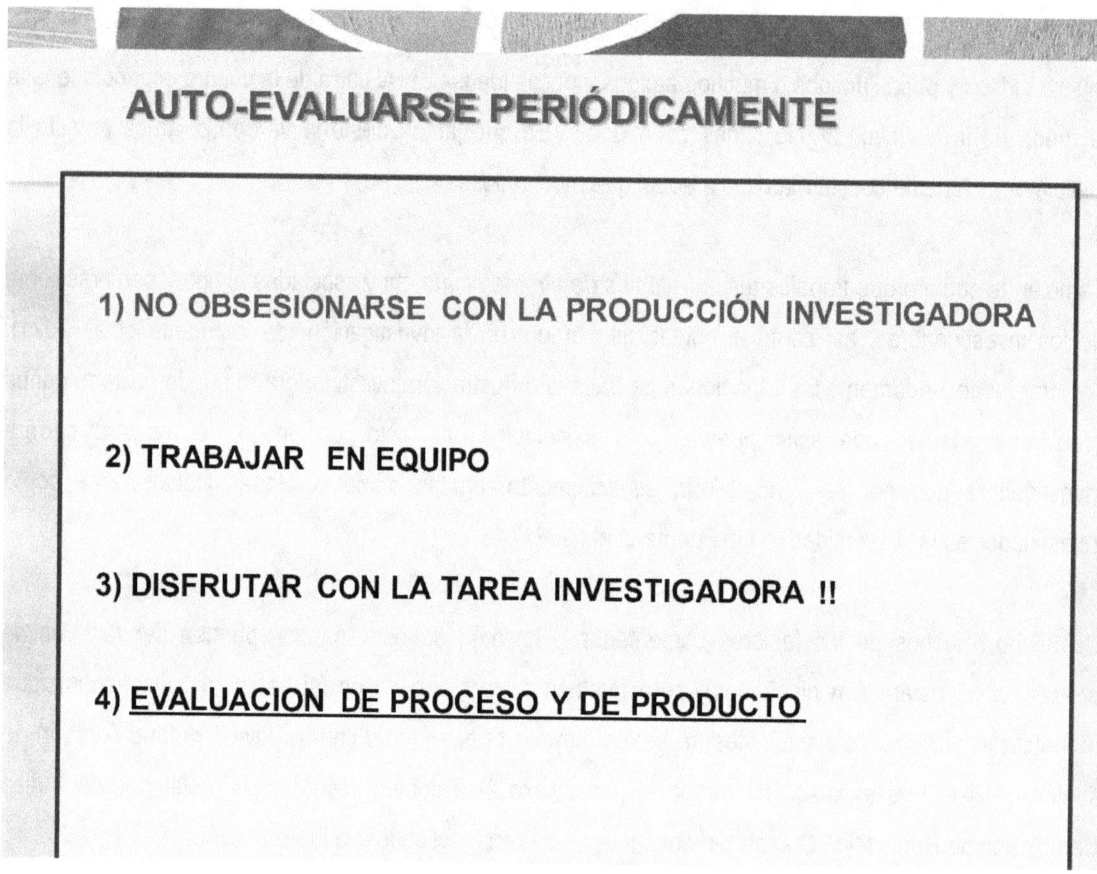

Figura 13, Estrategias para el disfrute con la actividad investigadora.

Es muy importante, no obsesionarse con la producción investigadora. Disfrutar con la actividad. Hay otro tipo de actividades y decisiones, más cercanas al *disfrute con la actividad y tarea investigadora,* que también quiero referir. Aunque son un reconocimiento, en sí mismas, están más bien motivadas por *mejorar la ciencia y la producción científica tecnológica en tu campo.* Estas actividades, la mayor parte de las veces tienen poca o nula remuneración, pero sí bastante *disfrute investigador y experiencia de crecimiento personal (Flow…)* y, sobre todo, te permiten seguir aprendiendo y ayudar a mejorar la ciencia en tu campo:

12.1. La colaboración o Edición de Journals de tu especialidad

https://ojs.ual.es/ojs/index.php/EJREP/about/editorialTeam

https://www.frontiersin.org/journals/psychology/sections/educational-psychology

https://www.sciencedirect.com/journal/learning-and-individual-differences/about/editorial-board

https://www.sciencedirect.com/journal/learning-and-instruction/about/editorial-board

https://www.tandfonline.com/journals/cedp20/about-this-journal#editorial-board

12.2. La participación en la evaluación de Proyectos I+D (Agencia Española de Investigación, AEI) y en Comisiones de Evaluación de la Investigación

https://www.aei.gob.es/evaluacion/personas-expertas

12.3. La participación y colaboración científica con el Colegio Profesional de la Psicología

https://www.youtube.com/watch?v=B-LUYbZP8Ws

https://www.copmadrid.org/web/formacion/video/255/08-jesus-la-fuente-arias-perfil-psicologo-educativo

https://www.copmadrid.org/web/formacion/video/733/metodologia-el-desarrollo-programas-intervencion-educativa-jesus-la-fuente-21102019

https://www.copmadrid.org/web/comunicacion/new-canal-psicologia-tv/video/1031/conferencia-analisis-e-implicaciones-psicoeducativas-la-emergencia-sanitaria-jesus-la-fuente-270921

1.4. La presencia en Redes Sociales, con actividades que prestigien y difundan la investigación y la actividad profesional

https://www.linkedin.com/in/jes%C3%BAs-de-la-fuente-arias-8ab4332a/?originalSubdomain=es

https://www.youtube.com/@PsicologoEduca

1.5. La participación en Organizaciones Internacionales de perfil Psicológico:

American Psychological Association (APA). https://www.apa.org/

<u>EPÍLOGO</u>. EL PRIVILEGIO DE DEDICARSE A LA INVESTIGACIÓN Y AL DESARROLLO CIENTÍFICO-TECNOLÓGICO

Si has llegado hasta aquí, habrás comprobado la complejidad de la tarea de investigar. Pero, también, que esta complejidad la hace una actividad fascinante. Es una actividad que te hace mejorar como persona, evolucionar y te mantiene "vivo" intelectualmente. No se terminan nunca…

Por ello, considero que es un *privilegio el poder dedicarte a esta actividad*. Por ello, debes aprender a disfrutarla, a no dejarte llevar por la ansiedad del momento, por las preocupaciones inherentes a la misma, o por los males momentos, que también tendrá. No pierdas la perspectiva, *la visión y la misión*. Disfruta del viaje, de la actividad, de cada momento… (Wilson, 2014). Ver Figura 14.

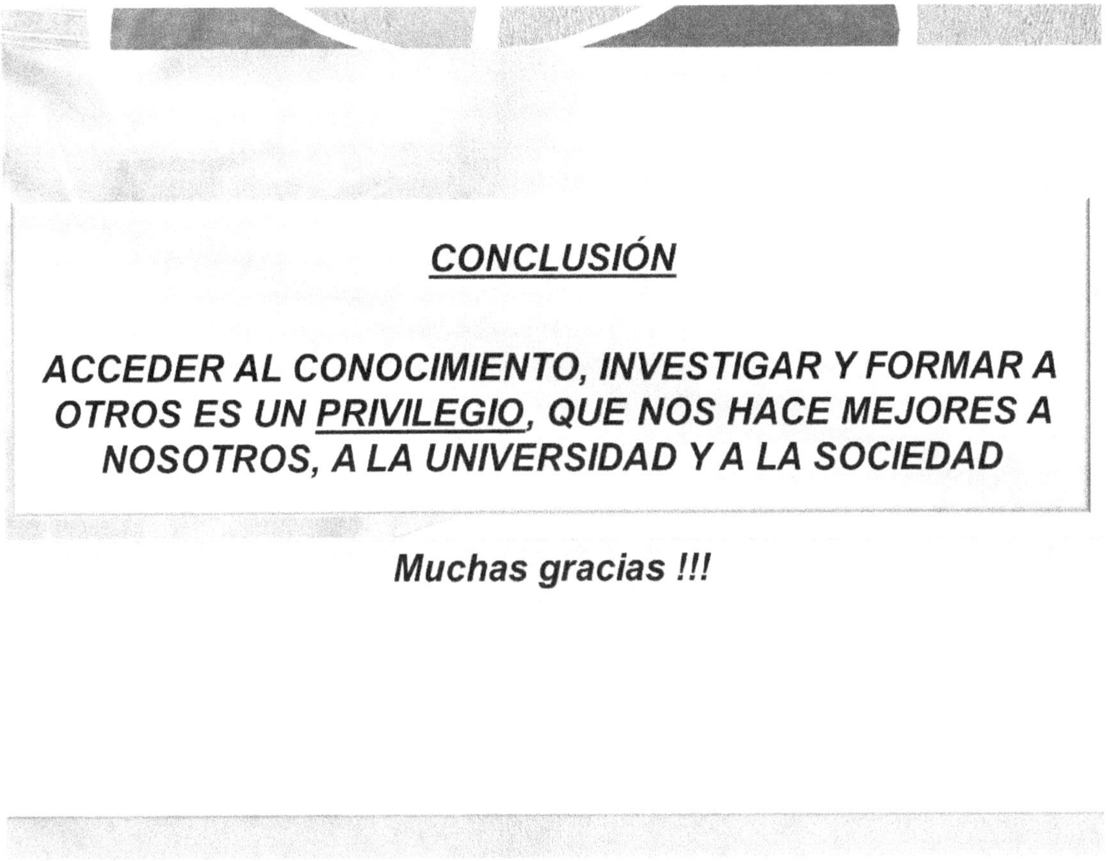

Figura 14. El privilegio de dedicarse a la ciencia y a la investigación

Me disculparás si da a sensación que este manual tiene muchos elementos autorreferentes a nuestra producción y actividad investigadora. El objetivo no es hacer alarde de la misma, sino -todo lo contrario-, *mostrarte ejemplos concretos de cada tipo de actividad realizada*, en una pretensión de tutorización y de modelado para cada tipo de tarea. Espero que te haya servido. Me he animado a escribir este libro porque- habitualmente- este conocimiento estratégico es el mejor guardado y el menos mostrado a los investigadores noveles.

Gracias por la lectura y por llegar hasta aquí.

¡NOS VEMOS EN EL PRÓXIMO VOLUMEN DE LA COLECCIÓN!

Bain, K. (2007). *Lo que hacen los mejores profesores de universidad*. Universidad de Valencia (traducción Oscar Barberá).

Cabezas, M. (2014). Presentación: sentido y sensibilidad ante los nuevos retos de la filosofía práctica. *Azafea: Revista de Filosofía, 16,* 11-13.

Chen, L., Preece, D. A., Sikka, P., Gross, J. J., & Krause, B. (2024). A Framework for Evaluating Appropriateness, Trustworthiness, and Safety in Mental Wellness AI Chatbots. *arXiv preprint arXiv:2407.11387.*

Comisión Nacional de Investigación Científica y Tecnológica. (2010). *Declaración de Singapur sobre la integridad en la investigación.* Madrid: Ministerio de Ciencia a Innovación

de la Fuente, J. A. (2003). ¿Por qué los alumnos no construyen un conocimiento psicológico académico y profesional integrado? Reflexiones para una investigación necesaria. *Papeles del psicólogo, 24*(86), 34-41.

de la Fuente, J. (2024). *Proyecto Docente: Psicología de la Educación*. Serie: Education & Psychology I+D+I. Amazon: Bellevue, Washington (USA).

de la Fuente, J. y Justicia, F. (2018). *Tópicos de Investigación reciente en Psicología de la Educación.* Madrid: GUNTI-EOS

de la Fuente J, González-Torres MC, Aznárez-Sanado M, Martínez-Vicente JM, Peralta-Sánchez FJ and Vera MM (2019). Implications of Unconnected Micro, Molecular, and Molar Level Research in Psychology: The Case of Executive Functions, Self-Regulation, and External Regulation. *Front. Psychol. 10*:1919. doi: 10.3389/fpsyg.2019.01919

de la Fuente J, González-Torres MC, Artuch-Garde R, Vera-Martínez MM, Martínez-Vicente JM and Peralta-Sánchez FJ (2021). Resilience as a Buffering Variable Between the Big Five Components and Factors and Symptoms of Academic Stress at University. *Front. Psychiatry 12:600240.* doi: 10.3389/fpsyt.2021.600240 de la Fuente, J., Justicia, F. J., Casanova, P. F., & Trianes, M. V. (2005). Perceptions about the construction of academic and professional competencies in psychologists. *Electronic Journal of Research in Educational Psychology, 3*(1), 3-34.

de la Fuente, J., Kauffman, D. F., Diaz-Orueta, U., (Eds). (2019). Psychology, Technological Innovation, and Entrepreneurship. Lausanne: Frontiers Media SA. doi: 10.3389/978-2-88963-237-4

de la Fuente, J. y Martínez- Vicente, J.M. (2023). *Modelo Conceptual para la para Gestión del Estrés y del Bienestar Psicológico, MCGEBP®: Fundamentos, Estructura y Funcionalidad* (EDUCATION & PSYCHOLOGY I+D+I). Luisville: Amazon.

de la Fuente, J. and Martínez-Vicente J.M. (2024). Conceptual Utility Model for the Management of Stress and Psychological Wellbeing, CMMSPW™ in a university environment: theoretical basis, structure and functionality. *Front. Psychol. 14*:1299224. doi: 10.3389/fpsyg.2023.1299224

de la Fuente J, Santos FH, Garzón-Umerenkova A, Fadda S, Solinas G and Pignata S (2021) Cross-Sectional Study of Resilience, Positivity and Coping Strategies as Predictors of Engagement-Burnout in Undergraduate Students: Implications for Prevention and Treatment in Mental Well-Being. Front. Psychiatry 12:596453. doi: 10.3389/fpsyt.2021.596453

de la Fuente, J., & Vera-Martínez, M. M. (2010). Educational Psychology and R&D&I: a Strategic Action Programme for the Twenty-First Century. *Papeles del Psicólogo, 31*(2), 162-170.

de la Fuente Arias, J., Vera-Martínez, M. M. & Cardelle-Elawar, M. (2012). Aportaciones de la Psicología de la Innovación y del Emprendimiento a la Educación, en la Sociedad del Conocimiento. *Electronic Journal of Research in Educational Psychology, 10*(3), 941-966.

de la Fuente J, Vera-Martínez MM, Peralta-Sánchez FJ and Martínez-Vicente JM (2022) A proposed protocol for the registration of evidence-based Educational Psychology programs. *Front. Psychol. 13*:954475. doi: 10.3389/fpsyg.2022.954475

de la Fuente, J., & Zapata, L. (2024). *Creación de un Departamento I+ D+ i en el ámbito Psicoeducativo.* Serie: Edudation & Psychology I+D+I. Amazon (2ª Edición).

Desmond, H., & Dierickx, K. (2021). Research integrity codes of conduct in Europe: Understanding the divergences. *Bioethics, 35*(5), 414-428. https://doi.org/10.1111/bioe.12851

García-Martínez, I., Gavín-Chocano, Ó., León, S. P., & Ubago-Jiménez, J. L. (2021). Analysis of the pre-service teachers' academic stress based on their self-concept and personality. *Education Sciences, 11*(11), 659.https://doi.org/10.3390/educsci11110659

Hayes, A. F. (2012). PROCESS: A versatile computational tool for observed variable mediation, moderation, and conditional process modeling [White paper]. Retrieved from http://www.afhayes.com/public/process2012.pdf

Hayes, A. F. (2017). Introduction to mediation, moderation, and conditional process analysis: A regression-based approach. Guilford Publications. https://doi.org/10.1111/jedm.12050

Harris, K. R., Graham, S., Urdan, T., McCormick, C. B., Sinatra, G. M., & Sweller, J. (Eds.). (2012). *APA Educational Psychology Handbook. Volume 1:* Theories, Constructs, and Critical Issues. *Volume 2:* Individual Differences and Cultural and Contextual Factors. *Volume 3:* Application to Learning and Teaching*Theories, constructs, and critical* issues. American Psychological Association. https://doi.org/10.1037/13273-000

Hosseini, M., & Lewis, J. (2020). The norms of authorship credit: Challenging the definition of authorship in The European Code of Conduct for Research Integrity. *Accountability in research, 27*(2), 80-98. https://doi.org/10.1080/08989621.2020.1721288

Huguet-Canallís, Á., Lapresta- Rey, C., Senar-Morera, F., & Janés-Carulla, J. (2024). La selección del profesorado universitario en España ¿Una asignatura pendiente? *Revista de Psicología y Educación, 19*(1), 47-54. https://doi.org/10.23923/rpye2024.01.249

Jin, Y., Yan, L., Echeverria, V., Gašević, D., & Martinez-Maldonado, R. (2024). Generative AI in Higher Education: A Global Perspective of Institutional Adoption Policies and Guidelines. arXiv preprint arXiv:2405.11800.

López-Madrigal, C., de la Fuente, J., García-Manglano, J., Martínez-Vicente, J. M., Peralta-Sánchez, F. J., & Amate-Romera, J. (2021). The role of gender and age in the emotional well-being outcomes of young adults. *International journal of environmental research and public health, 18*(2), 522. https://doi.org/10.3390/ijerph18020522

Martínez-Vicente, J. M., de la Fuente, J. y Pichardo, M. (2024). In memoriam de Fernando Justicia Justicia. *Electronic Journal of Research in Education Psychology, 22(62), 1-10.* https://doi.org/10.25115/ejrep.v22i62.9822

Martínez-Vicente, J.M., de la Fuente, J., Martínez, J. M., De La Fuente, J., Vera, M. M., & Aleixandre, M. (eds.) (2019). *Innovación y emprendimiento en Psicología*. Editorial Universidad de Almería. España.

Muñoz-Navarro, R., Malonda, E., Llorca-Mestre, A., Cano-Vindel, A., & Fernández-Berrocal, P. (2021). Worry about COVID-19 contagion and general anxiety: Moderation and mediation effects of cognitive emotion regulation. *Journal of Psychiatric Research, 137*, 311-318. https://doi.org/10.1016/j.jpsychires.2021.03.004

Ryff, C. D., & Keyes, C. L. M. (1995). The structure of psychological well-being revisited. *Journal of personality and social psychology, 69*(4), 719-727.

Rodríguez-Thompson A.M., Miller A.B., Wade M., Meyer K.N., Machlin L., Bonar A., Patel K.K., Giletta M., Hastings P.D., Nock M.K., Rudolph K.D., Slavich G.M., Prinstein, M.J. & Sheridan M.A. (2024). Neural correlates of p-factor in adolescence: Cognitive control with and without enhanced positive affective demands. *Biological Psychiatry: Cognitive Neuroscience and Neuroimaging, 9* (1), 30-40.https://doi.org/10.1016/j.bpsc.2023.03.012

Savoldi, F. (2013). La coscienza: contributi per specialisti e non specialisti tra neuroscienze, filosofia e neurologia. Aras Edizioni.

Smith, G. T., Atkinson, E. A., Davis, H. A., Riley, E. N., & Oltmanns, J. R. (2020). The general factor of psychopathology. *Annual review of clinical psychology, 16*, 75-98. https://doi.org/10.1146/annurev-clinpsy-071119-115848

Universidad de Almería (2024). *Plan de Ordenación Docente 2024-2025.* Consultado en: https://www.ual.es/application/files/9417/1290/5169/POD2425.pdf

* Wilson, E. (2014). *Cartas a un joven científico.* Barcelona: Debate

Inventario de Regulación Comportamental Interna vs Externa de la Carrera Investigadora, SRI-ERI (de la Fuente, 2024)

Por favor, lea antes de empezar.

Por favor, responda a las siguientes preguntas marcando la respuesta que mejor describa cómo es usted y su contexto, respecto a su carrera investigadora.
1 = TOTALMENTE EN DESACUERDO
2 = EN DESACUERDO
3 = INCIERTO O NO SEGURO
4 = DE ACUERDO
5 = MUY DE ACUERDO
No hay respuestas correctas o incorrectas. Trabaja rápido y no pienses demasiado en tus respuestas.

Item n°.: 1
Enunciado: Tomo conciencia de mis necesidades personales de investigación

Opciones: 1   2   3   4   5

Item n°.: 2
Enunciado: Planifico mi comportamiento investigador, mediante metas y objetivos acordes con mis objetivos de desarrollo profesional e investigador

Opciones: 1   2   3   4   5

Item n°.: 3
Enunciado: Tomo decisiones para conseguir cambios positivos en mis comportamientos investigadores (cambio de Tópico de Investigación, Grupo, Áreas)

Opciones: 1   2   3   4   5

Item n°.: 4
Enunciado: Me auto-observo y auto-controlo para supervisar si estoy consiguiendo mis objetivos y logros de investigación (publicaciones, sexenios, colaboraciones, actividades)

Opciones: 1   2   3   4   5

Item n°.: 5
Enunciado: Me auto-evalúo y reflexiono sobre las mejoras conseguidas en mi comportamiento y logros investigadores (publicaciones, aportaciones, modelos…)

Opciones: 1   2   3   4   5

Item n°.: 6
Enunciado: Aprendo de los errores para próximas veces de los aspectos a mejorar en mi comportamiento investigador (pido consejo y ayuda, cambio de colaboraciones, etc.)
Opciones: 1   2   3   4   5

Item nº.: 7
Enunciado: Pienso pocas veces en mi estado y necesidades de desarrollo profesional investigador

Opciones: 1   2   3   4   5

Item nº.: 8
Enunciado: Entiendo que mi comportamiento y competencias investigadoras irán mejorando solas, con el paso del tiempo

Opciones: 1   2   3   4   5

Item nº.: 9
Enunciado: No es necesario tomar decisiones para conseguir cambios en mis comportamientos investigadores (grupos, tópicos, áreas de conocimiento)

Opciones: 1   2   3   4   5

Item nº.: 10
Enunciado: Voy viendo los cambios comportamentales de investigación que tengo que hacer sobre la marcha, sin prestar excesiva atención a los mismos

Opciones: 1   2   3   4   5

Item nº.: 11
Enunciado: No hago nada especial para producir mis cambios de comportamiento investigador, ya que se irán produciendo por sí mismos

Opciones: 1   2   3   4   5

Item nº.: 12
Enunciado: A veces tiendo a cometer varias veces los mismos errores de investigación, y parece que no aprendo de la experiencia (grupos de trabajo, actividades, publicaciones, tópicos...)

Opciones: 1   2   3   4   5

Item nº.: 13
Enunciado: Sé exactamente lo que debo hacer para trabajar en investigación saltándome las normas para mejorar mi investigación (en las actividades, publicaciones conjuntas, logros investigadores, sexenios...)

Opciones: 1   2   3   4   5

Item nº.: 14
Enunciado: Planifico mi comportamiento, para saltarme las normas éticas de la investigación , , ya que me parecen excesivas investigación (en las actividades, publicaciones conjuntas, logros investigadores, sexenios...)

Opciones: 1   2   3   4   5

Item nº.: 15
Enunciado: Tomo decisiones para conseguir mis objetivos personales y profesionales de investigación, a costa de cualquier cosa (en las actividades, publicaciones conjuntas, logros investigadores, sexenios...)

Opciones: 1 2 3 4 5

Item nº.: 16
Enunciado: Prefiero ejercer control para pasarlo bien y disfrutar que para cumplir con mis obligaciones de investigación (investigación (actividades, publicaciones conjuntas, logros investigadores, sexenios…)

Opciones: 1 2 3 4 5

Item nº.: 17
Enunciado: Mi autoevaluación comportamental está referida esencialmente a comprobar todo lo que he disfrutado en cada momento, sin tanta preocupación por la investigación (en las actividades, publicaciones conjuntas, logros investigadores, sexenios…)

Opciones: 1 2 3 4 5

Item nº.: 18
Enunciado: En la vida no tiene sentido centrarte en la investigación y sus logros, si ello te resta disfrute y satisfacción

Opciones: 1 2 3 4 5

Item nº.: 19
Enunciado: El contexto profesional y organizacional en el que trabajo me ayuda a tomar conciencia de mis necesidades de cambio comportamental en la investigación (líneas de investigación, grupos, sexenios, logros, formación, herramientas, incentivos, hoja de ruta profesional, equivalencias docencia-investigación…)

Opciones: 1 2 3 4 5

Item nº.: 20
Enunciado: El contexto profesional y organizacional en el que trabajo me ayuda a planificar mi comportamiento, mediante metas y objetivos de investigación ((líneas de investigación, grupos, sexenios, logros, formación, herramientas, incentivos, hoja de ruta profesional, equivalencias docencia-investigación…)

Opciones: 1 2 3 4 5

Item nº.: 21
Enunciado: El contexto profesional y organizacional en el que trabajo me ayuda a tomar decisiones para conseguir cambios positivos en mi comportamiento como investigador (líneas de investigación, grupos, sexenios, logros, formación, herramientas, incentivos, hoja de ruta profesional, equivalencias docencia-investigación…)

Opciones: 1 2 3 4 5

Item nº.: 22
Enunciado: El contexto profesional y organizacional en el que trabajo me ayuda a realizar auto-observación y auto-control para supervisar si estoy consiguiendo mi objetivos de mi carrera investigadora (líneas de investigación, grupos, sexenios, logros, formación, herramientas, incentivos, hoja de ruta profesional, equivalencias docencia-investigación…)

Opciones: 1 2 3 4 5

Item nº.: 23

Enunciado:	El contexto profesional y organizacional en el que trabajo me ayuda a la auto-evaluación y reflexión sobre las mejoras conseguidas en mi comportamiento investigador (líneas de investigación, grupos, sexenios, logros, formación, herramientas, incentivos, hoja de ruta profesional, equivalencias docencia-investigación…)

Opciones:	1	2	3	4	5

Item nº.: 24
Enunciado:	El contexto profesional y organizacional en el que trabajo me ayuda a aprender de los errores para próximas veces y a mejorar mi comportamiento investigador (líneas de investigación, grupos, sexenios, logros, formación, herramientas, incentivos, hoja de ruta profesional, equivalencias docencia-investigación…)

Opciones:	1	2	3	4	5

Item nº.: 25
Enunciado:	El contexto profesional y organizacional en el que trabajo pocas veces se habla de mi comportamiento y necesidades de mejora investigadora ((líneas de investigación, grupos, sexenios, logros, formación, herramientas, incentivos, hoja de ruta profesional, equivalencias docencia-investigación…)

Opciones:	1	2	3	4	5

Item nº.: 26
Enunciado:	El contexto profesional y organizacional en el que trabajo considera que iré mejorando, con el tiempo, mi comportamiento. Por eso no se meten mucho en mis decisiones de investigación (líneas de investigación, grupos, sexenios, logros, formación, herramientas, incentivos, hoja de ruta profesional, equivalencias docencia-investigación…)

Opciones:	1	2	3	4	5

Item nº.: 27
Enunciado:	El contexto profesional y organizacional en el que trabajo me trasmite la idea de que no es necesario tomar decisiones concretas para conseguir cambios en mis comportamientos de investigación. Estos se producirán solos con el tiempo (líneas de investigación, grupos, sexenios, logros, formación, herramientas, incentivos, hoja de ruta profesional, equivalencias docencia-investigación…)

Opciones:	1	2	3	4	5

Item nº.: 28
Enunciado:	El contexto profesional y organizacional en el que trabajo deja que se produzcan los cambios de mi comportamiento investigador sobre la marcha, sin prestar excesiva atención a los mismos (líneas de investigación, grupos, sexenios, logros, formación, herramientas, incentivos, hoja de ruta profesional, equivalencias docencia-investigación…)

Opciones:	1	2	3	4	5

Item nº.: 29
Enunciado:	El contexto profesional y organizacional en el que trabajo no hace nada especial para producir en mí cambios y mejoras de comportamiento investigador, ya que se asume que éstos se irán produciendo por sí mismos en el tiempo (líneas de investigación, grupos, sexenios, logros, formación, herramientas, incentivos, hoja de ruta profesional, equivalencias docencia-investigación…)

Opciones:	1	2	3	4	5

Item nº.: 30
Enunciado: El contexto profesional y organizacional en el que trabajo me permite que cometa varias veces los mismos errores en mi carrera investigadora , aunque parezca que no aprendo de la experienciac(líneas de investigación, grupos, sexenios, logros, formación, herramientas, incentivos, hoja de ruta profesional, equivalencias docencia-investigación...)

Opciones: 1   2   3   4   5

Item nº.: 31
Enunciado: El contexto profesional y organizacional en el que trabajo me anima a que viva el presente y no piense demasiado en mis propios los comportamientos y logros investigadores (líneas de investigación, grupos, sexenios, logros, formación, herramientas, incentivos, hoja de ruta profesional, equivalencias docencia-investigación...)

Opciones: 1   2   3   4   5

Item nº.: 32
Enunciado: El contexto profesional y organizacional en el que trabajo promueve que planifique comportamientos para realizar otras tareas, sin diseñar restricciones organizacionales que me limiten la carga de trabajo ajena a la investigación

Opciones: 1   2   3   4   5

Item nº.: 33
Enunciado: El contexto profesional y organizacional en el que trabajo promueve que centre mi atención en tomar decisiones para realizar otras tareas y que posponga mis decisiones profesionales relevantes para mi investigación
Opciones: 1   2   3   4   5

Item nº.: 34
Enunciado: El contexto profesional y organizacional en el que trabajo promueve que mis cambios comportamentales estén dirigidos a otras tareas, ajenas a la investigación y no estar todo el tiempo poniéndome intentando dedicar mucho tiempo a tareas investigadoras

Opciones: 1   2   3   4   5

Item nº.: 35
Enunciado: El contexto profesional y organizacional en el que trabajo promueve que cuando evalúe mis comportamientos profesionales me centre sólo en la producción investigadora, sin considerar los límites éticos o morales
Opciones: 1   2   3   4   5

Item nº.: 36
Enunciado: El contexto profesional y organizacional en el que trabajo me ayuda a tener una visión amplia de los logros, ya que no me insiste en cambiar mi comportamiento investigador, sino en hacer lo que me apetezca, si ello me hace feliz y vivir plenamente

---

Criterios de corrección del *Índice Combinado de Regulación Interno-Externo*® aplicado a la actividad investigadora (de la Fuente, 2024):

1. SR.Comportamiento auto-regulatorio: Items 1-6

2. SNR.Comportamiento no-regulatorio: ítems 7-12

3. SDR.Comportamiento dis-regulatorio: ítems 13-18

4. ER.Contexto externamente regulatorio: ítems 19-24

5. ENR. Contexto externamente no-regulatorio: ítems 25-30

6. EDR. Contexto externamente dis-regulatorio: ítems 31-36

Cálculo del *nivel de regulación interno o personal*: (Factores 1-2-3) / 3

· Bajo=   -2.17 a -0.87

· Medio=   -0.77 a -0.23

· Alto=   -0.22 a 1.00

Cálculo del *nivel de regulación externo o contextual*: (Factores 4-5-6) / 3

· Bajo=   -2.11 a -0.78

· Medio=   -0.78 a -0.06

· Alto=   -0.05 a 1.00

ANEXO 2

Inventario para la Auto-evaluación sobre las Decisiones Estratégicas en la Actividad Investigadora (de la Fuente, 2024).

Por favor, contesta a estas preguntas, respecto a tu actividad investigadora, teniendo en cuenta que:

1= Nada aplicable a mí
2= Poco aplicable a mí
3= Regular de aplicable a mí
4= Bastante aplicable a mí
5= Muy aplicable a mí

1. He logrado equilibrar las tareas que tengo en mi actividad (Docente-Investigación-Gestión, como PDI), encontrando tiempo y lugar para desarrollar mi investigación

Respuesta: 1   2   3   4   5

2. He podido elegir un Área de Conocimiento que me satisface y me motiva para la investigación

Respuesta: 1   2   3   4   5

3. Pertenezco a un Grupo de Investigación que me ayuda y permite desarrollar un tópico de Investigación que me apasiona

Respuesta: 1   2   3   4   5

4. He planificado mi actividad y carrera investigadora de forma coherente, relevante y sostenible

Respuesta: 1   2   3   4   5

5. Gestiono y realizar las tareas de Investigación + Desarrollo + Innovación, de forma coherente con mi perfil investigador

Respuesta: 1   2   3   4   5

6. Me autoevalúo periódicamente para ajustar mis objetivos y actividad investigadora

Respuesta: 1   2   3   4   5

7. El contexto organizacional en el que estoy me ayuda a desarrollar la actividad investigadora con medidas de apoyo, formación e incentivos

Respuesta: 1   2   3   4   5

8. Me adapto de forma flexible a los cambios y demandas organizacionales (Universidad, Facultad, Centro, Departamento, Grupo de investigación…), a la hora de definir mi actividad investigadora

Respuesta: 1   2   3   4   5

9. Muestro resiliencia investigadora ante las dificultades propias de esta actividad

Respuesta: 1   2   3   4   5

10. Disfruto con el proceso investigador (actividades diversas de investigación) y no sólo con el producto de la investigación (producción investigadora)

Respuesta: 1   2   3   4   5

11. Pienso que estoy haciendo aportaciones científicas y tecnológicas relevantes en mi dominio o tópico de investigación

Respuesta: 1   2   3   4   5

12. Considero un privilegio poder dedicarme a la Ciencia y a la Investigación, porque me permite conectar con mi propósito vital y me produce bienestar psicológico

Respuesta: 1   2   3   4   5

13. Tengo los siguientes Sexenios o tramos de Investigación

Respuesta: 1   2   3   4   5

14. He dirigido los siguientes Proyectos de Investigación

Respuesta: 1   2   3   4   5

15. He dirigido los siguientes Proyectos de Transferencia

Respuesta: 1   2   3   4   5

EDUCATION & PSYCHOLOGY
I + D + i
Research, Innovation and Solutions on-line ®